W0343975

LES GRANDES figures DE LA Spiritualité CHRÉTIENNE

CRÉDITS

LE FIGARO

Projet développé par le Figaro
Édité par :
La Société du Figaro
14, bd Haussmann – 75009 Paris – www.lefigaro.fr
Directeur général : Marc Feuillée

Les Presses de la Renaissance
Édi8 – 12, av. d'Italie – 75013 Paris – www.presses-renaissance.fr
Président-directeur général : Vincent Barbare

Dépôt légal : février 2017
Achevé d'imprimer en janvier 2017 sur les presses de l'imprimerie Elcograf S.p.A., via Mondadori 15, Vérone, Italie

ISBN : 978-2-7509-1322-9 (collection)
ISBN : 978-2-7509-1344-1 (volume)

Direction de la collection : Anne Evrard
Responsable projet : Stéphanie de Fonscolombe
Direction industrielle : Marc Tonkovic
Maquette : Nord Compo
Responsable éditoriale : Séverine Courtaud
Direction artistique et couverture : Marie de Lattre
Enregistrement et conception sonore : Deja Production

Pour commander les volumes de la collection
qu'il vous manque,
rendez-vous sur notre site :
www.figarostore.fr
Vous pouvez également nous contacter par téléphone :
01 70 37 31 70

Xavier Lecœur

Jean XXIII

1881-1963

Jean XXIII

Sommaire

Préface de Michael Lonsdale 6

La vie 9

L'enfant de Sotto il Monte 10
Une vocation précoce 13
En route vers le sacerdoce 17
À l'école d'un évêque 21
Monsignore sans l'avoir voulu 25
Au pays des roses 30
Auprès des Turcs et des Grecs 35
Un nonce insaisissable 41
À Venise 48
Un pontificat bref mais dense 52
Un nouveau saint pour l'Église 70

Le message 73

L'héritage 93

Les textes emblématiques 109

La vie de Jean XXIII en quelques dates 127
Abécédaire 131
Bibliographie 137
Ouvrages du même auteur 139

SUR LE CD
TEXTES LUS PAR MICHAEL LONSDALE

Séminaire de Bergame, automne 1898	(1:00)	p. 110
Séminaire romain, décembre 1902	(1:41)	p. 110
Rome, mars 1925	(1:23)	p. 111
Lettre à un séminariste orthodoxe	(1:02)	p. 112
Sofia, décembre 1932	(1:46)	p. 113
Istanbul, décembre 1944	(1:50)	p. 114
Paris, décembre 1947	(1:15)	p. 115
Testament spirituel, Venise, juin 1954	(1:50)	p. 116
Vatican, 4 novembre 1958	(1:35)	p. 117
Encyclique *Ad Petri Cathedram*	(4:34)	p. 118
Encyclique *Mater et Magistra*	(1:14)	p. 121
Castel Gandolfo, août 1961	(1:39)	p. 122
Concile Vatican II, 11 octobre 1962	(2:20)	p. 123
Encyclique *Pacem in terris*, Vatican, 11 avril 1963	(1:05)	p. 124
Vatican, 13 avril 1963	(1:51)	p. 125

Extrait musique *Antiphon Psalm 111*
Kraft der Stille
Bauer Studios, Ludwigsburg

Michael Lonsdale

Comédien français célèbre pour ses grands rôles au cinéma (*Le Nom de la rose*, *James Bond*, *Des hommes et des dieux*…), Michael Lonsdale prête sa voix profonde aux textes emblématiques, aussi accessibles qu'incontournables, des grandes figures de la spiritualité chrétienne.
Connu pour sa foi, il nous enchante par cette série de lectures qui ravive l'âme des écrits pour mieux toucher la nôtre.

Préface

Le « bon pape Jean » fut son surnom. Il ne régna pas longtemps, mais toucha profondément par sa simplicité de cœur. C'était un homme de bon sens à la finesse toute paysanne, grand diplomate et profondément croyant. Son héritage n'est donc pas un enseignement hors norme, mais peut-être beaucoup plus : en convoquant le concile Vatican II, il provoqua la plus grande secousse de l'histoire récente du catholicisme.

Son intuition spirituelle était que l'Église devait à tout prix évoluer pour rester au diapason d'un monde supposé neuf après deux horribles guerres mondiales. Comme s'il fallait, cette fois, tourner la page et s'émanciper d'un ordre ancien. Avec cette promesse utopique et logique : l'éloignement de la barbarie conduirait mécaniquement vers un monde meilleur.

Pragmatique, politique – il avait été toute sa vie un nonce apostolique –, le bon pape Jean avait donc acquis la certitude que si l'Église ne prenait pas ce train de modernité, elle serait distanciée, puis marginalisée. Il la lança donc dans ce mouvement. Il fallait « ouvrir » l'Église au monde par un concile historique.

Ce fut un ouragan qu'il ne connut pas de son vivant, mais que son successeur Paul VI dut assumer dans la peine. Le concile Vatican II provoqua en effet des avancées, mais aussi une crise interne majeure dans l'Église avec, en Occident, le départ massif de prêtres, une chute des vocations et un affaiblissement général.

Beaucoup estiment toutefois – le pape François en tête, qui a canonisé Jean XXIII en 2014 – qu'il est trop tôt pour établir le bilan de ce concile parce que son application n'est pas encore totalement réalisée. Dans l'Église, il faut au moins un siècle, disent-ils, pour juger sereinement de la portée d'un tel événement.

C'est peut-être là le lot des prophètes. De ce point de vue, le pape François se reconnaît volontiers dans son illustre prédécesseur. Jean XIII est l'un de ses modèles. Il ne s'embarrassait pas de ce qu'il estimait trop rigide dans les usages cléricaux ou dans la théologie classique. Il aimait le vent du large, les fenêtres ouvertes… Fût-ce au prix de quelques vitres cassées ou de portes qui claquent. C'est dans ce mouvement, et non dans l'immobilisme, qu'il voyait l'Esprit saint à l'œuvre.

Michael LONSDALE

Portrait du pape Jean XXIII en 1960.
© Felici/Farabola/Leemage

La vie

L’enfant de Sotto il Monte

En janvier 1964, quelques mois seulement après le décès de Jean XXIII, le président de la République italienne, Antonio Segni, prit une décision rare et symbolique : il autorisa, par décret, que le nom du pape défunt soit ajouté à celui du village qui l’avait vu naître. Dès lors, de même que douze ans plus tôt la commune de Riese, lieu de naissance du pape saint Pie X, était devenue « Riese – Pio X », le village de Sotto il Monte reçut l’appellation officielle de « Sotto il Monte – Giovanni XXIII ».

C’est en effet dans cette petite bourgade, située à une quinzaine de kilomètres à l’ouest de Bergame, que le futur « bon pape Jean » vit le jour le 25 novembre 1881. Le nouveau-né fut baptisé le soir même par le curé, don Rebuzzini. On lui donna comme prénoms Angelo Giuseppe (Ange Joseph) et pour parrain son grand-oncle Zaverio (Xavier) qui, comme on le verra, devait jouer un rôle essentiel dans son éducation religieuse.

Quatrième enfant d’une famille qui allait en compter treize, Angelo naquit dans un milieu extrêmement modeste. « Je viens de l’humilité et j’ai été élevé dans la pauvreté », expliquait-il. Ses parents, Giovanni Battista Roncalli et Marianna Mazzola, exploitaient en métayage 4 hectares de terre appartenant à la famille des comtes Morlani de Bergame.

Toute sa vie durant, Angelo Giuseppe Roncalli resta viscéralement attaché au village qui l'avait vu naître et dans lequel la famille Roncalli était enracinée depuis plusieurs générations. Même lorsqu'il en fut éloigné, il s'arrangea toujours pour y retourner au moins une fois par an : d'abord dans la maison familiale de la Colombera, puis dans une demeure (située dans le hameau de Camaitino) dont il loua quelques pièces, de 1925 jusqu'à son élection à la papauté. On y trouve aujourd'hui un musée qui lui est dédié.

À Sotto il Monte, Angelo Roncalli aimait à retrouver les siens et appréciait l'authenticité apaisante et revigorante de ce paysage de douces collines. On peut ainsi lire, dans son *Journal*, en date du 9 septembre 1946 (il est alors en vacances) : « Magnifique journée de soleil, de verdure, de paix. Je l'ai passée parmi mes lettres, mes souvenirs, et ceux qui me sont chers. Que valent les richesses et les splendeurs mondaines à côté de cette douceur et de cette beauté spirituelle qui est dans la nature et dans les âmes ? Oh ! je ne cesserai jamais de remercier le Seigneur d'être né ici, dans la simplicité et dans la pauvreté. »

Car, au lieu de considérer la grande modestie de son milieu d'origine comme un fardeau, Angelo

Roncalli la revendiqua toujours avec fierté, la regardant comme un atout pour progresser sur la voie de la sainteté : « Les biens de la fortune, les richesses, le Seigneur pouvait me les donner ou ne pas me les donner ; je n'y avais aucun droit. Il lui a plu de m'en laisser démuni. Pourquoi devrais-je m'en plaindre ? Leur absence est un moyen de sanctification pour moi. »

Une vocation précoce

Humble et rurale, l'enfance du petit Angelo Giuseppe fut aussi empreinte de religiosité. La journée des Roncalli débutait par les prières du matin et se terminait par celles du soir et par le chapelet. Lorsque Angelo eut 4 ans, sa mère Marianna le conduisit un jour à la chapelle de la Madonna delle Caneve, un petit sanctuaire marial situé non loin de la ferme, et elle voua son « Angelino » à la Vierge. Un peu plus tard, c'est son père Giovanni Battista qui l'emmena avec lui en pèlerinage dans le bourg voisin de Ponte San Pietro.

Guidé par ses parents sur le chemin de la foi, le jeune garçon bénéficia également de deux autres influences majeures. Son parrain et grand-oncle Zaverio était un homme pieux, d'une grande dévotion, qu'Angelo, quand il se levait le matin, apercevait en prière, à genoux. Il lui communiqua, « par la parole et son exemple, les vertus de son âme religieuse ». À sa mort, en mai 1912, son filleul – devenu prêtre – rédigea cet hommage vibrant : « Il fut l'homme juste des Divines Écritures. Simple, droit, craignant Dieu, dans l'humilité de ses origines et dans la vie modeste

L'église de Sotto il Monte.
© akg/Archivio Cameraphoto Epoche

des champs, il eut vivant et profond le sens du Christ, et acquit le savoir des choses célestes par la prière et la lecture incessante d'excellents ouvrages spirituels. »

L'autre grand modèle d'Angelo Roncalli fut le curé de la paroisse, don Francesco Rebuzzini. Arrivé à Sotto il Monte en 1872, il fut celui qui conféra le baptême et la première communion au jeune garçon. Ce prêtre chaleureux, serein et dévoué, marqua profondément Angelo qui éprouva une peine immense lorsqu'il succomba à une crise cardiaque, le dimanche 25 septembre 1898 : « C'est la plus grande douleur que j'ai jamais eue de ma vie. Mon curé, mon bon père, celui qui a tant fait pour moi [...] est mort. Ô Jésus, rendez-moi semblable à lui. »

Angelo Roncalli parvint à obtenir comme précieux souvenir de don Rebuzzini son exemplaire de *L'Imitation de Jésus-Christ*, celui-là même dont, « depuis le séminaire, il se servait tous les soirs. Penser que c'est avec ce petit livre qu'il est devenu un saint ! Oh ! ce sera toujours mon livre le plus cher et l'un des joyaux les plus précieux que je possède ». De fait, cette œuvre de piété chrétienne du XVe siècle, dense, simple et exigeante, allait accompagner le futur Jean XXIII durant toute son existence. Quant à don Rebuzzini, Angelo Roncalli resta toujours fidèle à sa mémoire : en novembre 1959, il avoua dans une allocution à des séminaristes : « Plus de soixante ans après sa mort, Nous gardons toujours vivant et sacré dans Notre cœur, toujours cher et béni à Nos yeux, le souvenir du premier prêtre que Nous rencontrâmes dans la vie. »

Premier garçon de Giovanni Battista et de Marianna, Angelo était *a priori* destiné à devenir paysan, comme tous ses ancêtres. Mais, jeune encore, il ressentit « un attrait immédiat et spontané pour les choses spirituelles » et éprouva très tôt le désir de devenir prêtre. Sa foi et sa piété étaient si évidentes que ses camarades et ses proches aimaient à l'appeler, avec respect, *il pretino* (le petit prêtre).

Après quelques années d'études élémentaires à Sotto il Monte et dans les communes avoisinantes, Angelo Roncalli manifesta le désir d'entrer au séminaire de Bergame. Mais ses parents n'avaient pas les moyens de lui payer son équipement ni sa pension. La solution – qu'Angelo interpréta comme une aide de la Providence – vint du chanoine Morlani – copropriétaire avec ses frères des terres travaillées par les Roncalli – qui apporta l'argent nécessaire.

Le deuxième volet de la vie de Jean XXIII commença donc un jour de novembre 1892 quand, accompagné de son père, il parcourut à pied les 16 kilomètres qui séparaient la ferme familiale de Sotto il Monte du séminaire de Bergame.

En route vers le sacerdoce

En découvrant Bergame, ses avenues, ses magasins et ses cafés, ses remparts, ses porches et ses palais, Angelo Roncalli fut impressionné : jusqu'ici, il n'avait connu que la vie paysanne.

L'émerveillement de la découverte céda vite la place à deux difficultés majeures. Comme tout enfant « exilé » en pensionnat loin des siens, Angelo ressentit la douleur de la séparation. Qui plus est, les conditions de vie au séminaire étaient spartiates et le règlement, sévère.

Mais *il pretino* savait pourquoi il était là. Il jouissait d'un heureux caractère, d'une bonne résistance physique et d'une réelle capacité d'adaptation qui lui permirent de prendre peu à peu ses marques. En 1895, il passa du petit au grand séminaire de Bergame. C'est à cette époque qu'il commença l'écriture de son journal spirituel qu'il devait tenir jusqu'à sa mort, de façon plus ou moins régulière selon les périodes. Ce *Journal de l'âme*, publié en 1964, est un document étonnant qui montre combien le jeune Angelo Giuseppe Roncalli prenait au sérieux sa vocation de séminariste et de futur prêtre. N'écrivit-il pas, à seulement 15 ans, ces mots qu'on pourrait appliquer à l'ensemble de sa vie : « Mon seul but dans les études sera la plus grande gloire de Dieu, l'honneur de l'Église, le salut des âmes, et non pas mon honneur à moi et la satisfaction de surpasser tous les autres » ?

Une telle hauteur de vue et des résultats scolaires en constante amélioration attirèrent l'attention de ses professeurs. Et la récompense ne se fit pas attendre : vers la fin de l'année 1900, il bénéficia d'une bourse pour aller achever ses études… à Rome ! Le 4 janvier 1901, le natif de Sotto il Monte arrivait dans la Ville éternelle et entrait au séminaire romain de l'Apollinaire.

Une semaine plus tard, Angelo laissait éclater sa satisfaction dans une lettre adressée à ses parents : « Vraiment le Seigneur ne pouvait me bénir plus qu'il ne l'a fait et je n'aurais pu imaginer que j'aurais une chance pareille […]. Chaque jour, je vais faire une promenade et j'ai pu ainsi visiter beaucoup de lieux saints et prier pour vous et pour moi. »

Hormis une parenthèse éprouvante d'une année due au service militaire (qualifié de « captivité de Babylone » !), Angelo vécut cette montée vers le sacerdoce dans la ferveur et la joie. Il n'en continua pas moins à se montrer pointilleux vis-à-vis de lui-même, se reprochant ses « distractions », ses « imperfections », son « manque de décision » et ses « bavardages ». Son exigence était d'autant plus grande qu'il avait une conscience aiguë de toutes les « grâces ineffables dont Dieu avait daigné combler [son] âme depuis ses premières années ». Pour le séminariste Roncalli, c'était une évidence : le Seigneur attendait de lui qu'il « devienne un saint dans toute la force du terme ».

C'est armé de cette conviction que, le 10 août 1904, il fut ordonné prêtre par Mgr Ceppetelli (adjoint au cardinal-vicaire de Rome), dans l'église Santa Maria in Monte Santo, sur la Piazza del Popolo. Il avait 23 ans.

Le lendemain, don Angelo vécut deux expériences marquantes, quand on songe à ce qu'allait être sa destinée : il eut l'honneur de dire sa première messe dans les grottes vaticanes, près du tombeau de saint Pierre, puis de s'entretenir quelques instants avec le pape Pie X, élu un an plus tôt.

Le 15 août, le jeune prêtre était de retour à Sotto il Monte : il célébra la messe de l'Assomption dans l'église de son baptême ! « Je tiens ce jour pour un des plus heureux de ma vie », affirma par la suite don Roncalli dans son *Journal de l'âme*, en se souvenant de la joie de ses parents, de ses frères et sœurs, de ses bienfaiteurs et surtout de son grand-oncle Zaverio qui avait joué un rôle si important dans la maturation de sa vocation. Il lui exprima sa reconnaissance dans une lettre qu'il lui envoya quelque temps après : « Mieux que moi le Seigneur saura vous remercier du bien que vous m'avez fait [...]. Me voilà prêtre, mais cela ne suffit pas : il faut que je sois un prêtre qui fasse du bien à tous. »

En près de soixante années de sacerdoce, Angelo Giuseppe Roncalli allait avoir maintes occasions d'appliquer cette belle résolution.

Angelo Giuseppe Roncalli en 1905.
© akg/Archivio Cameraphoto Epoche

À l'école d'un évêque

Après son ordination, don Roncalli avait pensé poursuivre ses études. Mais le décès en octobre 1904 de l'évêque de Bergame, Mgr Gaetano Camille Guintani, allait bouleverser ses plans.

Pour succéder à l'évêque défunt, le Vatican désigna Giacomo Maria Radini Tedeschi. Un prêtre de 47 ans qui s'était fait remarquer en organisant de nombreux pèlerinages et en menant à bien les célébrations jubilaires de l'année 1900.

Le futur évêque de Bergame avait besoin d'un secrétaire dévoué pour le seconder dans ses attributions épiscopales. Il demanda à Mgr Bugarini, recteur de l'Apollinaire, si l'un de ses anciens séminaristes pourrait convenir. Mgr Bugarini proposa deux noms, dont celui d'Angelo Roncalli qui fut finalement choisi.

Cette collaboration, qui allait durer dix ans et façonner en profondeur le jeune prêtre bergamasque, débuta à la chapelle Sixtine le 29 janvier 1905 : ce jour-là, par un privilège exceptionnel, le pape Pie X sacra lui-même Mgr Radini Tedeschi. La cérémonie fut grandiose et impressionna don Roncalli qui était l'un des deux assistants du nouvel évêque.

Deux mois plus tard, Mgr Radini quittait Rome avec don Roncalli et faisait son entrée solennelle à Bergame, le 9 avril 1905. « Pour moi, sa compagnie est une véritable école dont j'espère beaucoup apprendre », nota le jeune secrétaire.

Et, de fait, don Roncalli se retrouva emporté dans un véritable tourbillon d'activités. Homme de prière, Mgr Radini était aussi un homme d'action doué d'une très grande capacité de travail. Don Roncalli le découvrit rapidement quand le nouvel évêque – à l'imitation de saint Charles Borromée (1538-1584) – entreprit la visite pastorale des trois cent cinquante paroisses de son diocèse ; quand il reprit ses pèlerinages à Lourdes et en Terre sainte avec des fidèles bergamasques ; quand il décréta la tenue d'un synode à Bergame, etc.

Don Roncalli était si étroitement associé à toutes les initiatives de Mgr Radini qu'on l'appelait l'« ombre de l'évêque » ! Outre cette activité de secrétaire particulier, Angelo fut chargé de cours d'histoire, de patrologie et d'apologétique au séminaire de Bergame. De plus, il participa à la préparation successive de deux anniversaires majeurs : le troisième centenaire, en 1907, de la mort du cardinal César Baronius (1538-1607) et, en 1910, les 300 ans de la canonisation du grand archevêque de Milan, saint Charles Borromée.

Au premier, don Angelo allait emprunter la devise « *Pax et oboedientia* », en en inversant les termes. Le second allait lui donner l'occasion de mener une vaste étude historique qui allait l'occuper, par intermittence, durant un demi-siècle !

La charge de travail était éprouvante, mais sans doute moins que le climat qui régnait alors dans l'Église : tous ceux qui étaient suspectés de « modernisme » faisaient l'objet de blâmes, de menaces et de mises à l'écart allant jusqu'à l'excommunication ! Un jour de juin 1913, au Vatican, un cardinal reprocha au professeur d'histoire Roncalli de lire des auteurs « débridés » (c'est-à-dire remettant en cause certains dogmes traditionnels de l'Église) et de suivre une doctrine « incorrecte ». Don Roncalli fut profondément affecté par cette accusation et adressa au cardinal deux lettres qui parvinrent à le disculper de toute sympathie envers le modernisme. Néanmoins, la blessure resta vive puisque, cinquante ans plus tard, au Vatican, le pape Jean XXIII demanda à consulter le dossier qui le concernait, afin de découvrir le nom de celui qui avait médit de lui auprès des autorités vaticanes...

Il est possible qu'en attaquant ainsi don Roncalli, on ait cherché à atteindre son évêque, Mgr Radini Tedeschi, dont les initiatives sociales et politiques déplaisaient à Pie X. Ces deux hommes de tempérament, qui ne s'appréciaient guère, furent néanmoins réunis dans la mort : ils décédèrent en août 1914, à deux jours d'intervalle (le 20 pour Pie X, le 22 pour l'évêque de Bergame), tous deux littéralement désespérés par le déclenchement du premier conflit mondial.

La perte de Mgr Radini Tedeschi, qu'il veilla jusqu'à ses derniers instants, fut un coup très dur pour don Roncalli, qui se sentit aussi seul qu'après la mort de son cher curé de Sotto il Monte, don Rebuzzini. Pour honorer la mémoire de celui qui avait été « l'étoile de sa jeunesse sacerdotale », l'ancien secrétaire se mit à rassembler des documents et des témoignages en vue d'une biographie qui parut en 1916.

Par ailleurs, tout comme le 25 septembre (jour anniversaire du décès de don Rebuzzini), chaque 22 août devint pour Angelo Roncalli une journée de souvenir et de recueillement. On peut lire par exemple dans ses carnets, en date du 22 août 1952 : « Anniversaire plein de tristesse et de douceur, que je célèbre depuis trente-huit ans, celui de la mort de mon évêque Radini Tedeschi. »

Comme on peut le constater, Angelo Roncalli fut un homme d'une grande fidélité, à l'égard des vivants comme des défunts.

Monsignore sans l'avoir voulu

La vie militaire avait laissé un souvenir amer à Angelo Roncalli. Il avait très mal vécu son passage sous les drapeaux entre novembre 1901 et novembre 1902, allant jusqu'à écrire dans son *Journal de l'âme* : « Oh ! l'armée est une fontaine d'où coule la pourriture, de quoi inonder les villes. Qui peut se sauver de ce déluge de boue, sans l'aide de Dieu ? Je vous remercie, mon Dieu, de m'avoir préservé d'une telle corruption ; c'est vraiment une très grande grâce, dont je vous serai reconnaissant toute ma vie. »

Car même s'il reconnaissait que ses compagnons d'armes l'avaient plutôt bien traité, le soldat Roncalli avait été littéralement « horrifié » par les jurons, les blasphèmes et la vulgarité de la vie de caserne. À peine libéré du service militaire, le séminariste avait ôté « l'uniforme abhorré » et avait « embrassé en pleurant sa chère soutane ».

Treize ans plus tard, l'Italie ayant, en mai 1915, déclaré la guerre à l'Autriche et à l'Allemagne, don Roncalli fut mobilisé et retrouva l'univers militaire. Mais l'homme avait mûri et le contexte était totalement différent : en tant qu'infirmier affecté à un

Angelo Giuseppe Roncalli soldat
(second rang, deuxième en partant de la gauche).
© akg/Archivio Cameraphoto Epoche

hôpital de Bergame, il n'avait plus à faire à de gais lurons insouciants et grivois, mais à de jeunes soldats blessés, souvent très grièvement. La compassion que le prêtre éprouvait pour ces hommes qui souffraient physiquement mais aussi moralement le conduisait à un dévouement de tous les instants : « On ne peut qu'aimer ces chers jeunes soldats quand on les a approchés une fois : ils sont si dignes de tous les soins et de tous les réconforts. Pour moi, j'avoue que je voudrais pouvoir me sacrifier davantage pour eux. »

Au printemps 1916, don Roncalli fut muté dans un autre hôpital, comme aumônier militaire. Toutes ces heures passées auprès de blessés qui, parfois, mouraient en sa présence, émurent à jamais le prêtre bergamasque : « Rien n'a laissé en moi des traces aussi profondes que le souvenir des trois années de la Grande Guerre », reconnut-il ensuite.

Fort heureusement, en novembre 1918, vint le temps de l'armistice et, le mois suivant, celui de la démobilisation. Don Roncalli fut alors nommé directeur spirituel du séminaire par Mgr Marelli, successeur de Mgr Radini Tedeschi à la tête du diocèse de Bergame. Parmi les soldats qui étaient revenus en vie du front figuraient des séminaristes : don Roncalli s'attacha à les conseiller au mieux, afin de les aider – et c'était difficile – à reprendre leur apprentissage ecclésiastique. En ces mois d'après-guerre où régnait encore une certaine désorganisation, don Roncalli se soucia aussi du sort des adolescents venus étudier à Bergame et souvent abandonnés à eux-mêmes. Il fit construire pour eux un foyer, la Casa dello Studente (ou Maison de l'étudiant).

Don Roncalli approchait de la quarantaine. Il n'était qu'un simple prêtre du diocèse de Bergame et ne s'en sentait pas plus mal, « n'ayant nul souci de postes, de carrière, de distinctions ou autres choses du même genre ». Il se méfiait des honneurs et des distinctions qui « manifestent la gloire d'un jour », mais « sont dangereux pour la gloire des siècles et du Paradis ».

Il fut donc d'autant plus stupéfait d'apprendre qu'on lui proposait la direction générale de l'Œuvre de la propagation de la foi en Italie. Mais d'où était venue cette idée ? Le pape Benoît XV – qui avait été un grand ami de Mgr Radini Tedeschi – n'avait pas oublié l'efficacité et la simplicité de l'ancien secrétaire de l'évêque de Bergame et il avait pensé à lui pour réorganiser l'Œuvre de la propagation de la foi.

Don Roncalli hésita. Il n'avait guère envie de quitter Bergame et son séminaire, Bergame et ses étudiants, Bergame si proche de Sotto il Monte. Mais, après avoir consulté l'archevêque de Milan, il finit par accepter.

À partir de janvier et surtout de mars 1921, il multiplia les allers et retours entre Bergame et Rome, afin d'en savoir plus sur sa mission. Il chercha aussi un logement pour lui-même et pour ses sœurs, Ancilla et Maria, qui avaient choisi de se mettre à son service. Le 7 mai 1921, le fils de Giovanni Battista Roncalli, humble métayer bergamasque, était officiellement nommé « prélat domestique de Sa Sainteté », devenant du même coup un Monsignore. Lorsqu'il revint à Sotto il Monte, certains habitants crurent que l'enfant du pays avait été sacré évêque, en raison de la couleur violette de son nouvel habit ! Ils avaient simplement quatre ans d'avance !

En attendant, Mgr Roncalli reçut cette première distinction importante avec le même souci d'humilité qu'il conserva jusqu'à son accession à la papauté. Ce qui lui importait, ce n'était pas la couleur de son vêtement ni le titre par lequel on le désignait, mais « la splendeur des âmes gagnées au Christ et à son Église ».

Car, en voulant réorganiser l'Œuvre de la propagation de la foi (née de l'action de la vénérable Pauline Jaricot) et en en transférant le siège de Lyon à Rome, les papes Benoît XV et Pie XI entendaient donner une impulsion nouvelle aux missions. Mgr Roncalli fut amené à parcourir l'Italie en tous sens et à effectuer plusieurs voyages à l'étranger. Il était parfois reçu avec froideur, certains évêques ou responsables locaux de l'Œuvre n'appréciant pas vraiment les projets de centralisation des souverains pontifes. À maintes reprises, Mgr Roncalli dut faire preuve de doigté, de mesure et de tact. Il apprit ainsi sur le terrain à se montrer « diplomate », avant d'être amené – par un nouvel appel imprévu – à le devenir officiellement !

Au pays des roses

Mgr Roncalli avait dû consentir à bien des sacrifices en passant de Bergame à Rome, du service de son diocèse à celui du Saint-Siège. Mais, progressivement, il avait pris goût à son travail de directeur de l'Œuvre de la propagation de la foi. N'allait-il pas jusqu'à affirmer que cette œuvre était « la respiration de son âme et de sa vie » ?

On imagine donc facilement sa stupéfaction, voire son affolement, quand, en février 1925, il reçut un message du secrétaire d'État – le cardinal Pietro Gasparri – l'informant de la volonté du pape Pie XI de le nommer visiteur apostolique en Bulgarie avec dignité épiscopale ! La Bulgarie ? Il est vraisemblable que Mgr Roncalli ne savait pas grand-chose de ce pays des Balkans, essentiellement orthodoxe, où le Saint-Siège ne comptait plus de représentant… depuis sept siècles ! Le nouvel élu entreprit de se renseigner auprès de quelques orientalistes présents à Rome.

Le 19 mars 1925, Mgr Angelo Giuseppe Roncalli fut sacré évêque par le cardinal Giovanni Tacci, secrétaire de la congrégation pour l'Église orientale.

La date choisie (jour de la fête de saint Joseph) et le lieu retenu (l'église San Carlo al Corso dédiée à saint Charles Borromée) étaient doublement symboliques pour celui qui nourrissait une profonde dévotion tant à l'égard de l'humble père nourricier de Jésus que du grand acteur de la Réforme catholique.

Après s'être désolé de cette nomination qu'il n'avait ni cherchée ni désirée, Mgr Roncalli s'était résolu à appliquer intégralement la devise épiscopale qu'il avait choisie : « Obéissance et paix ». Obéissance à Dieu et paix en Dieu.

C'est donc avec « tranquillité et assurance » que, le 23 avril 1925, le nouveau diplomate du Saint-Siège prit place à bord du train Simplon-Orient-Express effectuant la liaison entre Milan et Sofia. Deux jours plus tard, Mgr Roncalli arrivait dans une capitale en état de siège. Deux semaines plus tôt, des opposants au régime avaient tenté d'assassiner le roi Boris III de Bulgarie. La semaine précédente, un terrible attentat, perpétré à l'intérieur même de la cathédrale Sveta-Nedelya de Sofia, avait causé la mort de plus de cent personnes !

Dès son arrivée, l'ancien aumônier militaire tint à exprimer sa compassion à l'égard des blessés en se rendant dans un hôpital de la ville. Ce geste spontané parvint sans doute à la connaissance du roi Boris qui, dès le 30 avril, reçut Mgr Roncalli au palais royal de Sofia. Une audience insolite car, aux yeux des autorités bulgares, le visiteur apostolique du Saint-Siège ne disposait d'aucun statut diplomatique officiel. L'entretien entre ces deux hommes, séparés par l'âge, la nationalité et la religion, n'en fut pas moins cordial et donna naissance à une véritable amitié qui ne cessa qu'à la mort mystérieuse du roi en 1943 (Boris III aurait été empoisonné par les nazis, à la suite d'une entrevue houleuse avec Hitler).

Cette amitié fut pourtant mise à rude épreuve lors du mariage du roi. Ce dernier, qui souhaitait épouser la très catholique Jeanne de Savoie, troisième fille du roi Victor-Emmanuel III d'Italie, avait accepté les conditions du Saint-Siège sur les mariages mixtes : l'union devait être célébrée uniquement selon le rite romain et le couple devait s'engager à élever ses futurs enfants dans la seule religion catholique.

Mais la raison d'État prévalut sur les engagements pris. Boris III, qui ne voulait pas mécontenter son peuple, fit célébrer un mariage orthodoxe à Sofia, cinq jours seulement après le mariage catholique qui s'était tenu en grande pompe, le 25 octobre 1930, à Assise ! Deux ans plus tard, Marie-Louise, premier enfant du couple, fut baptisée par le métropolite Stefan selon le rite orthodoxe…

En tant que représentant du Saint-Siège, Mgr Roncalli dut, par deux fois, émettre une protestation officielle. Toutefois, il le fit avec un tel tact qu'il parvint à garder la confiance des deux souverains.

Mais, comme on s'en doute, la fonction première du visiteur apostolique – élevé au rang de délégué apostolique en octobre 1931 – n'était pas d'entretenir des relations privilégiées avec le couple royal, mais bel et bien de veiller sur la petite communauté catholique du pays. Une communauté mixte composée de fidèles de rite latin et d'autres de rite oriental (uniates). Ces derniers, mal vus des orthodoxes et longtemps oubliés du Vatican, accueillaient le représentant du Saint-Siège les bras ouverts.

Désireux d'améliorer la situation de ces catholiques orientaux, Mgr Roncalli réussit à leur donner un évêque en la personne de Stefan Kurtev qui fut sacré à Saint-Clément de Rome, le 5 décembre 1926. Le visiteur apostolique avait aussi comme projet d'établir un séminaire à Sofia dans le but de former des prêtres autochtones. Pensant être soutenu dans cette initiative par le Vatican, Mgr Roncalli fit l'acquisition d'un terrain puis, par principe, demanda l'autorisation formelle de démarrer les travaux. C'est alors qu'il reçut l'ordre de surseoir à toute cette opération, ordre mêlé à des reproches de précipitation !

Le visiteur apostolique reçut également des mises en garde de ses supérieurs lorsqu'on apprit qu'il essayait d'établir un dialogue aimable et fraternel avec les orthodoxes.

La mission de Mgr Roncalli au pays des roses ne fut donc pas exempte d'épines. Mais, à sa grande surprise, elles ne vinrent pas des Bulgares, mais des organes centraux de l'administration vaticane qui ne répondaient pas à ses demandes ou bien s'opposaient à ses différentes initiatives. Longtemps isolé (on ne lui octroya un secrétaire officiel qu'en 1932, soit sept ans après son arrivée à Sofia), Mgr Roncalli endura « de vives et profondes souffrances » qu'il s'efforça de cacher. Il était en effet prêt à « tout supporter pour l'amour de Jésus, pour lui ressembler le plus possible, pour accomplir en tout sa sainte volonté, pour le triomphe de sa grâce au milieu de ce peuple simple et bon, mais hélas ! si malheureux, pour le service de la Sainte Église et du Saint-Père, pour sa propre sanctification ».

Auprès des Turcs et des Grecs

Même s'il éprouvait beaucoup d'affection pour ses amis bulgares, Mgr Roncalli ne dut pas être fâché d'apprendre, en novembre 1934, qu'un changement d'affectation lui était réservé. Son séjour à Sofia qui, au départ, ne devait durer que quelques mois, s'était étiré sur une décennie entière ! En véritable apôtre de l'obéissance, Mgr Roncalli était resté fidèle à son principe : « Ne rien demander et ne rien refuser [...]. C'est ainsi qu'on plaît au Seigneur. »

Après une rumeur persistante qui l'annonçait en Roumanie, c'est finalement le poste de délégué apostolique pour la Turquie et la Grèce qui lui échut. Ses lettres et ses textes personnels montrent qu'Angelo Roncalli était heureux de s'installer à Istanbul, ville qu'il connaissait déjà pour y avoir séjourné à plusieurs reprises. Le passionné d'histoire était aussi très intéressé par la perspective de mieux connaître le passé chrétien de la Turquie, où s'étaient tenus les célèbres conciles de Nicée, de Constantinople, d'Éphèse et de Chalcédoine.

Mais ce qui enchantait le plus Mgr Roncalli, c'était la possibilité d'exercer véritablement – et pour la première fois – son ministère épiscopal. Le poste de délégué apostolique présentait en effet la particularité, quasi unique dans la diplomatie vaticane, de permettre à son titulaire de faire fonction d'évêque, en tant qu'administrateur du vicariat d'Istanbul. Désormais, Mgr Roncalli avait sa cathédrale (celle du Saint-Esprit), son clergé et ses fidèles.

Peu après son arrivée en Turquie le 5 janvier 1935, il témoigna ainsi de sa satisfaction dans une lettre adressée à ses sœurs Ancilla et Maria : « Je me trouve très bien ici [...]. Je me sens davantage dans mon rôle puisque je dois vaquer à tous les soins et fonctions propres à un évêque. »

Les temps n'étaient pourtant pas faciles pour les représentants des religions dans ce pays, où Mustafa Kemal Pacha (Kemal Atatürk) avait instauré une laïcité très rigoureuse. Une suspicion générale régnait à l'encontre des chrétiens, entraînant la fermeture d'écoles, l'interdiction de journaux confessionnels... Vint s'ajouter, au printemps 1935, une nouvelle mesure restrictive : tous les prêtres, moines et religieuses furent contraints de porter des habits civils en public. Mgr Roncalli jugea la décision « mortifiante », avant de relativiser aussitôt en disant : « Mais, enfin, ce n'est pas la prison, ni la mort. Au Mexique, les choses sont bien pires. Et de même en Russie. » Il chercha à faire bonne impression au pouvoir en se conformant à la loi dès le premier jour.

Car l'une des missions du nouveau délégué était de remédier à l'action de son prédécesseur, Mgr Margotti, qui, par son intransigeance, son autoritarisme et son goût du faste, avait laissé un mauvais souvenir, tant au sein de la communauté catholique que chez les autorités turques. Un diplomate français présent à Istanbul avait vite remarqué l'habileté de Mgr Roncalli qui « était entré en Turquie par la petite porte », en « prenant possession de son siège, sans éclat, avec bonhomie, presque en s'effaçant ».

Cette « prudence pateline » et ces « manières onctueuses » n'empêchaient pas Mgr Roncalli de faire preuve de caractère lorsqu'il le jugeait utile. Le nouveau représentant du Saint-Siège avait été ainsi choqué de l'attitude du clergé et des fidèles d'Istanbul qui, en grande majorité, n'avaient jamais fait l'effort d'apprendre le turc. Interprétant ce désintéressement comme un véritable « mépris vis-à-vis de la nation dont nous recevons l'hospitalité », Mgr Roncalli décida de montrer l'exemple en se mettant lui-même à l'étude de la langue turque. Plus encore, il décida d'imposer, dans sa cathédrale du Saint-Esprit, la lecture de prières et de textes liturgiques en turc ! Ce choix provoqua de nombreux remous chez les catholiques d'Istanbul et des oppositions farouches qui remontèrent jusqu'à Rome ! Mais le délégué apostolique tint bon.

Après le déclenchement de la Seconde Guerre mondiale en septembre 1939, Mgr Roncalli mit pleinement en application ce qu'il avait promis à son parrain Zaverio, trente-cinq ans plus tôt : « Être un prêtre qui fasse du bien à tous. »

Il y avait d'abord la population grecque qui, soumise à l'occupation des Italiens et des Allemands, subissait en outre un blocus naval extrêmement sévère de la part des Britanniques. Mgr Roncalli se rendit à de nombreuses reprises à Athènes, afin de venir en aide aux habitants affamés. Il organisa plusieurs œuvres d'assistance, en collaboration avec son secrétaire, Mgr Testa. Son cœur de chair saignait à la vue du « champ de désolation » qu'était devenue la Grèce : « La guerre est affreuse, affreuse la peste ; mais la faim, savez-vous, c'est aussi quelque chose d'horrible à raconter et à supporter. »

Durant ces années noires, Mgr Roncalli exerça aussi sa charité à l'égard des juifs persécutés. La Turquie étant restée neutre dans ce conflit, beaucoup d'entre eux cherchaient à s'y réfugier, avant d'émigrer ensuite en Palestine. Mais certaines de ces tentatives se soldèrent par des échecs tragiques, à l'image de l'effroyable naufrage du navire *Struma*, coulé en février 1942, avec sept cent cinquante réfugiés à bord...

À Istanbul, Mgr Roncalli fit établir des certificats d'émigration qui permirent à de nombreux juifs roumains, slovaques ou hongrois d'échapper à la mort. Il intervint aussi auprès de son ami Boris III de Bulgarie afin de lui demander de faciliter la fuite des réfugiés. « Pauvres fils d'Israël ! J'entends chaque jour leurs gémissements autour de moi, déplora-t-il dans une lettre à une religieuse. Je les plains et je fais de mon mieux pour les aider. Ce sont les membres de la famille de Jésus et ses compatriotes. »

Toutes ces initiatives valurent à Mgr Roncalli de recevoir l'hommage fervent du grand rabbin de Jérusalem, Isaac Herzog, venu en février 1944 à Istanbul : « Je voudrais vous exprimer ma plus profonde gratitude pour les actions énergiques que vous avez entreprises et pour ce que vous ferez en faveur de notre malheureux peuple, victime innocente d'horreurs inouïes commises par un pouvoir cruel ignorant totalement les principes de la religion qui constituent les fondements de l'humanité. Vous vous situez dans la tradition si profondément humanitaire du Saint-Siège et vous suivez les nobles sentiments de votre cœur. »

Si l'on ajoute que le délégué apostolique s'occupa également du sort des prisonniers italiens, de la situation des Arméniens ou de la libération de condamnés à mort, on comprend mieux ce qu'il expliquait à l'un de ses frères : « Tu sais qu'il y a quatorze œuvres de miséricorde ; eh bien, chaque jour, j'en ai au moins une à exercer, et souvent plus d'une. »

Pleinement engagé dans cette intense activité charitable, humanitaire et diplomatique, Mgr Roncalli fut donc désarçonné lorsque, fin 1944, l'imprévu de Dieu se manifesta une nouvelle fois de façon saisissante. Le pape Pie XII avait songé au « paysan du Danube de sa diplomatie » (selon l'expression du jésuite Robert Rouquette) pour l'un des postes les plus prestigieux : celui de nonce apostolique à Paris !

Le pape Pie XII et le cardinal Roncalli, futur Jean XXIII.
© Aldo Liverani/Leemage

Un nonce insaisissable

Le 7 décembre 1944, quelques heures seulement après avoir reçu un télégramme du Vatican lui annonçant sa nomination comme nonce apostolique à Paris, Angelo Roncalli prit la plume pour en informer sa famille. Et le moins que l'on puisse dire est qu'il n'était pas vraiment ravi de cette promotion. Il se trouvait « fort bien » à Istanbul où « pendant dix années entières il avait été un père et un pasteur » et où il aurait été « content de vivre encore longtemps ». Au poste de délégué apostolique pour la Turquie et la Grèce, sa vie se passait « dans l'exercice de la charité [...] envers tous », ce qui lui convenait puisque c'était pour cela qu'il avait été appelé au sacerdoce.

Certes, il aimait lire les auteurs spirituels français (saint François de Sales et Bossuet, tout particulièrement), mais venir à Paris pour « s'occuper presque uniquement d'affaires religieuses qui ont souvent des interférences avec la politique, cette chose si laide », ne l'enchantait guère. Toutefois, se disant prêt à « se consumer en sacrifice pour le service du Saint-Siège », Mgr Roncalli prépara ses bagages. Non sans avoir rappelé aux siens qu'ici-bas, « il faut se détacher de tout et ne s'attacher qu'au Paradis »...

Cette insatisfaction originelle, uniquement dominée par le sens du devoir et l'esprit d'obéissance, explique peut-être pourquoi les huit années qu'Angelo Giuseppe Roncalli passa en France constituent l'épisode le plus déconcertant de toute son existence. Lui dont la personnalité et l'action avaient jusqu'ici semblé si limpides laissa à ceux qui le côtoyèrent à Paris une image pour le moins brouillée. Sans doute était-ce dû au fait qu'il ne se sentit jamais très à l'aise dans ses nouvelles attributions…

Parti d'Ankara le 27 décembre, Angelo Roncalli arriva à Paris le 30, non sans avoir fait une halte au Vatican. Il y rencontra le pape Pie XII qui lui indiqua qu'il comptait sur son tempérament pacifique et son esprit conciliant pour résoudre avec les autorités françaises les problèmes présents et futurs.

Le premier de ces problèmes était de taille. Après avoir exigé le rappel de l'ancien nonce Mgr Valerio Valeri en raison de sa trop grande proximité avec le régime de Vichy, le gouvernement français issu de la Libération réclamait le remplacement d'une trentaine d'évêques, perçus comme des « collaborateurs ». Sur cette liste noire figuraient les noms de Mgr Suhard, archevêque de Paris, de Mgr Gerlier, archevêque de Lyon, et de Mgr Liénart, archevêque de Lille !

Peu enclin à devenir le « Torquemada des évêques français », le nonce Roncalli commença par demander des preuves explicites et détaillées de ce qui était reproché aux différents prélats. Ces éléments tardèrent à arriver et, souvent même, ne lui parvinrent jamais, ce qui permit aux tensions de s'apaiser. La position du nonce rencontra l'assentiment du général de Gaulle qui, soucieux avant tout de l'unité nationale, lui avait fait comprendre qu'il se satisferait d'une épuration symbolique de l'épiscopat. À la différence d'autres hommes politiques catholiques, tels Georges Bidault et François de Menthon, qui appelaient à la destitution d'un grand nombre d'évêques. Finalement, cette crise aiguë trouva son épilogue en juillet 1945. Seuls sept prélats furent destitués dans la plus grande discrétion : Mgr du Bois de la Villerabel, archevêque d'Aix-en-Provence, Mgr Dutoit, Mgr Auvity et Mgr Beaussart, respectivement évêque d'Arras, évêque de Mende et évêque auxiliaire de Paris, ainsi que trois vicaires apostoliques.

Pour calmer l'amertume, voire la colère, de certains résistants catholiques, le Vatican décida dans le même temps d'élever au cardinalat trois archevêques qui avaient fait preuve d'un réel courage durant l'Occupation, à savoir Mgr Saliège (Toulouse), Mgr Petit de Julleville (Rouen) et Mgr Roques (Rennes).

Outre ce premier dossier particulièrement épineux, le nouveau nonce apostolique eut aussi fort à faire avec la question sensible de la nomination des nouveaux évêques. C'est pourquoi, sans jamais entrer dans les détails, Angelo Roncalli indiqua plusieurs fois à sa famille qu'à Paris, il avait « de grosses affaires à traiter », des « affaires graves et importantes concernant les intérêts de l'Église, du Saint-Siège et des âmes ».

Quelque peu échaudé par cette entrée en fonction ô combien délicate, le nonce Roncalli évita par la suite de s'aventurer sur le terrain politique, à l'exception notable du débat sur l'école libre. Il commença dès lors à répondre positivement à toutes les invitations qui lui parvenaient et qui émanaient des différents diocèses, des familles religieuses ou des hauts lieux spirituels français. Comme on l'a compris, Angelo Roncalli, avec sa personnalité et son expérience, préférait la réalité du terrain et le contact humain aux travaux de bureau. Il s'absentait donc fréquemment de la nonciature, située avenue du Président-Wilson, pour se rendre dans d'autres quartiers de Paris, en banlieue ou en province.

Cette « diplomatie pastorale » n'était pas vraiment du goût du Saint-Siège. En septembre 1946, le pape Pie XII le lui en fit le reproche direct, lors d'une audience privée. Mgr Roncalli lui répondit qu'il ne cherchait qu'à être « le cœur, les yeux, la main secourable du pape » de l'autre côté des Alpes. Et les remontrances cessèrent du côté du Vatican, mais non du côté du Quai d'Orsay et du ministère de l'Intérieur où l'on s'irritait des incessants déplacements du nonce au point d'envisager sérieusement de demander son rappel par le Saint-Siège !

Il n'en fut rien et Mgr Roncalli put poursuivre sa vaste « visite pastorale ». Au fil de ses déplacements, le nonce découvrait un pays meurtri et désolé, encore habité par un sentiment de vengeance qui se manifestait en particulier à l'égard des nombreux prisonniers allemands toujours présents dans l'Hexagone. À plusieurs reprises, Mgr Roncalli plaida pour une amélioration de leurs conditions de détention et une libération rapide.

À Paris, le nonce Roncalli déconcertait. Beaucoup s'interrogeaient sur la personnalité réelle de ce prélat qui bougeait sans cesse, parlait tout le temps, nouait des relations quasi amicales avec des personnalités socialistes et radicales, tout en recevant à la nonciature des catholiques plutôt traditionalistes ! On s'étonnait de sa propension pour les bons mots – réels ou apocryphes – qu'on se plaisait néanmoins à colporter. Par son extrême volubilité (qu'il revendiquait comme faisant partie de son identité italienne !) et son apparente légèreté, le nonce Roncalli – en diplomate rusé – ne cherchait-il pas en fait à brouiller les pistes, afin d'éviter les pièges qui se présentaient à lui ?

L'expérience des prêtres-ouvriers fut l'un des principaux écueils auxquels il fut confronté. Après avoir initialement « admiré, encouragé et béni » cette initiative, Mgr Roncalli finit par la juger sévèrement en affirmant que « les prêtres-ouvriers apparaissaient plus que jamais en contradiction avec l'esprit sacerdotal ». Mais, en raison de son amitié pour le cardinal Suhard (fondateur en 1941 de la Mission de France qui était à l'origine de cette expérience pastorale), il fut soulagé de ne pas avoir à relayer la condamnation du Vatican. Ce fut son successeur à la nonciature – Mgr Paolo Marella – qui dut s'en charger…

Le patriarche de Venise – Mgr Carlo Agostini – étant gravement malade (il devait mourir le 28 décembre 1952), Pie XII avait en effet pensé au nonce Roncalli pour le remplacer. Avec, de surcroît, l'accession au cardinalat ! En raison d'un ancien privilège concédé à certains chefs d'État, Angelo Roncalli reçut la barrette cardinalice à l'Élysée, le 15 janvier 1953, des mains du président de la République, le socialiste Vincent Auriol. Le même jour, Pie XII annonça en consistoire la nomination du nouveau cardinal comme patriarche de Venise.

Quelques jours plus tard, pour montrer qu'il se situait au-dessus des rivalités politiques hexagonales, le nouveau cardinal organisa à la nonciature un déjeuner d'adieu pour le moins inhabituel : il y convia tous les chefs de gouvernement qu'il avait connus depuis son arrivée à Paris en décembre 1944. À l'exception du général de Gaulle et de Paul Ramadier, tous – du démocrate-chrétien Maurice Schumann au socialiste Félix Gouin, en passant par les radicaux Édouard Herriot et Félix Faure – se rendirent au 10 de l'avenue du Président-Wilson. Homme d'un seul parti, le « parti de Dieu » (pour reprendre la célèbre formule d'André Frossard), le cardinal Roncalli montrait ainsi tout le prix qu'il accordait à l'art de la rencontre entre hommes de bonne volonté.

Le nonce apostolique Roncalli reçoit la barrette cardinalice
des mains du président Vincent Auriol à Paris, le 15 janvier 1953.
© akg-images/Interfoto/Sammlung Karl

À Venise

Après trente années passées hors d'Italie (hormis ses vacances annuelles à Sotto il Monte et ses visites au Vatican), Angelo Roncalli était heureux de retrouver son pays et, plus encore, d'avoir pleinement charge d'âmes. À Venise, où il fit son entrée le dimanche 15 mars 1953, il se présenta d'emblée comme « un pasteur qui exerce sa tâche au nom du Seigneur » et qui, « la fermeté dans les principes du *Credo* catholique et de la morale étant assurée, se préoccupe de ce qui unit plutôt que de ce qui sépare et suscite les divergences ».

Prenant modèle sur saint Charles Borromée et sur Mgr Radini Tedeschi, le nouveau patriarche entreprit la visite des quatre-vingt-quatorze paroisses de son diocèse. Il découvrit à cette occasion que, non loin des splendeurs de la Sérénissime, existait une misère profonde, que ce soit dans la ville ouvrière de Mestre ou dans le port de Marghera.

Lors de ces visites pastorales (qui s'achevèrent en 1957 par un synode diocésain), le nouveau patriarche intervenait « non avec le fouet, ni avec la cravache, mais avec affection, avec respect et dans un esprit paternel ». Cette attitude fut très appréciée du clergé et des laïcs qui n'avaient guère goûté la rudesse de son prédécesseur, Mgr Agostini.

Bien que passionné par l'histoire et les leçons qu'elle recèle, le cardinal Roncalli affirmait n'avoir aucune nostalgie envers le passé, « préférant au temps qui était, le temps qui est ». Cet ancrage dans le présent le poussa à prendre des initiatives audacieuses. C'est ainsi qu'en 1957, il conseilla aux catholiques du diocèse de faire bon accueil aux membres – souvent très anticléricaux – du parti socialiste italien qui tenait son congrès à Venise. Ce geste, plus inspiré par les règles élémentaires de l'hospitalité que par des considérations politiques, suscita un grand émoi au Vatican !

Le cardinal Roncalli créa aussi la surprise en visitant, à deux reprises, la célèbre Biennale d'art contemporain. C'était la première fois, en un demi-siècle, qu'un patriarche de Venise s'y rendait.

D'une façon générale, le cardinal Roncalli retrouva à Venise comme une seconde jeunesse. La fin de sa carrière diplomatique semblait avoir réveillé en lui des forces neuves qui se manifestèrent tous azimuts : outre son ministère pastoral, il effectua plusieurs voyages comme légat du pape (Beyrouth, Lourdes), acheva le cinquième et dernier volume de sa longue étude historique (« Actes de la visite pastorale de Charles Borromée à Bergame en 1575 »), entretint une abondante correspondance et reçut de nombreux visiteurs de marque (l'ancien président Vincent Auriol, l'écrivain Daniel-Rops, le musicien Igor Stravinski, le cardinal Wyszynski, primat de Pologne, etc.).

Il était secondé dans son action multiforme par un jeune secrétaire efficace et effacé, don Loris Capovilla. Ce prêtre, originaire de Padoue, allait rester auprès de lui jusqu'à sa mort.

Les jours heureux que le patriarche Roncalli coulait à Venise furent néanmoins assombris par de nombreux deuils familiaux. En trois ans, il perdit ainsi trois de ses sœurs (dont Ancilla et Maria qui lui étaient « spécialement chères, parce qu'elles n'avaient vécu que pour le Seigneur et pour lui »), un de ses frères, ainsi qu'un neveu.

Le 9 octobre 1958, c'est un autre décès qu'on vint lui annoncer : celui du pape Pie XII. À 76 ans, le cardinal Roncalli allait participer à son premier conclave. Il prit un billet aller-retour pour Rome, ayant constaté – sans déplaisir – qu'il ne figurait pas parmi les *papabili* évoqués dans la presse.

Le 20 octobre, alors qu'il était arrivé dans la Ville éternelle et que le conclave allait s'ouvrir cinq jours plus tard, il confia à l'une de ses nièces : « J'ai plus que jamais la confiance, presque la certitude, de retourner à Venise et à Camaitino », avant d'ajouter toutefois cette phrase étrange : « Des jours mystérieux s'approchent pour moi… »

Conclave pour l'élection du nouveau pape, Vatican, octobre 1958.
© Farabola/Leemage

Un pontificat bref mais dense

1958

De fait, le cardinal Angelo Roncalli fut élu pape le mardi 28 octobre 1958, au terme de onze tours de scrutin. Son âge – 76 ans – et sa personnalité placide l'avaient peu à peu désigné, aux yeux des membres du Sacré Collège, comme un candidat idéal pour effectuer un pontificat de transition. Le nouveau souverain pontife – le 261e de l'Histoire – fit le choix de s'appeler Jean XXIII, se plaçant ainsi sous le patronage de deux grandes figures de l'Évangile : saint Jean-Baptiste, le précurseur, et saint Jean, le disciple que Jésus aimait. De plus, en délaissant le nom de Pie, le nouveau pape montrait sa volonté de s'affranchir de l'empreinte de son prédécesseur immédiat, Pie XII.

Une semaine après son élection, Jean XXIII fut solennellement intronisé au cours d'une célébration que l'on appelait alors « messe du couronnement ». Dans l'homélie qu'il prononça ce mardi 4 novembre 1958, le nouveau souverain pontife fit remarquer que chacun avait sa conception de ce que devait être un pape : « Un homme d'État expérimenté, un diplomate avisé, un homme de science universelle sachant organiser la vie de tous en commun, ou enfin un Pontife à l'esprit ouvert à toutes les formes de progrès de la vie moderne, sans aucune exception. » Pour Jean XXIII, ces qualités étaient certes importantes, mais secondaires par rapport à l'essentiel : un pape devait avant toutes choses « se montrer le pasteur de tout le troupeau », un pasteur « doux et humble de cœur », à l'image du Christ.

En ce jour où l'Église fêtait la mémoire de saint Charles Borromée, Jean XXIII termina son intervention en rappelant la très haute mission de restauration que l'archevêque de Milan avait entreprise, en un temps où l'Église « avait perdu de sa vigueur » et avait besoin de retrouver « de nouvelles forces ».

Ce court panégyrique parut traditionnel et n'alerta pas outre mesure la frange la plus conservatrice des catholiques qui se voyaient confortés dans l'idée que ce nouveau pape, tout en rondeur, était inoffensif. Le « pontificat de transition » qu'ils appelaient de leurs vœux semblait en marche.

Personne n'imaginait que ce « doux rebelle », comme l'avait finement surnommé son ami Vincent Auriol, allait déclencher trois mois plus tard un véritable séisme dans l'Église universelle. À moins d'avoir perçu les évidentes envies de réforme qui pointaient dans l'allusion finale à l'œuvre de saint Charles Borromée...

L'indépendance d'esprit de Jean XXIII commença toutefois à apparaître dès le mois suivant. Ayant constaté que Pie XII n'avait plus créé de cardinaux depuis 1953, Jean XXIII convoqua un premier consistoire le 15 décembre 1958. Mais, au lieu de s'en tenir à la tradition qui voulait que, depuis 1586 et le pape Sixte Quint, le Sacré Collège ne comporte que soixante-dix membres (en mémoire des soixante-dix anciens que Dieu avait placés auprès de Moïse pour l'aider à gouverner son peuple), Jean XXIII créa d'un seul coup vingt-trois nouveaux cardinaux. Figurait en tête de liste Mgr Montini, archevêque de Milan et futur pape Paul VI.

Jean XXIII et le cardinal Montini, futur pape Paul VI.
© Farabola/Leemage

Le Sacré Collège comptait désormais soixante-quatorze cardinaux ! À ceux qui, à la curie, s'étonnaient de cette violation de la tradition, Jean XXIII répondit avec le bon sens qui le caractérisait : « Les frontières de l'Église ne se sont-elles pas élargies depuis Sixte Quint ? Elles vont jusqu'aux extrémités du monde. Alors, pourquoi n'élargirait-on pas aussi les vieux cadres du Saint-Siège devenus trop étroits ? »

Quelques jours plus tard, le nouveau souverain pontife surprit une nouvelle fois son entourage en allant rendre visite à des enfants malades le jour de Noël, puis en se rendant le lendemain, 26 décembre, à la grande prison romaine de Regina Coeli. Le pape tint aux détenus – qu'il appela « mes chers fils » – un discours affectueux et il leur délivra des paroles d'espérance et de miséricorde.

Certains trouvèrent que le « pape de transition » faisait montre de plus de caractère que prévu, mais ils parièrent sur le temps pour que ses audaces cessent…

1959

Quelle ne fut donc pas leur stupéfaction lorsque, le 25 janvier 1959, Jean XXIII – qui avait réuni ses cardinaux en la basilique Saint-Paul-hors-les-Murs pour un consistoire secret – leur fit une triple annonce : la mise à jour du code de droit canon, l'organisation d'un synode pour la ville de Rome et, surtout, la convocation d'un concile œcuménique pour l'Église ! Un concile ? Le mot appartenait à l'Histoire, puisque le dernier à avoir été convoqué – Vatican I – avait eu lieu quatre-vingt-dix ans plus tôt et avait été interrompu par le déclenchement de la guerre franco-prussienne de 1870.

Quant au concile qui l'avait précédé, il fallait remonter encore plus loin dans le temps, au XVIe siècle très exactement, avec le concile de Trente (1545-1563) qui avait été convoqué pour réorganiser l'Église face à l'extension du protestantisme. Un concile qui était familier à Jean XXIII puisque, comme on l'a vu, il avait étudié dans le détail la manière dont Charles Borromée en avait appliqué les dispositions lors de sa visite pastorale à Bergame.

D'une façon générale, l'annonce faite à Saint-Paul-hors-les-Murs ne suscita pas l'enthousiasme au sein même de l'Église. D'aucuns parlèrent même de « guêpier », de « folie », de décision « naïve » ou « précipitée » ! Mais, certain d'avoir été inspiré par l'Esprit saint, Jean XXIII les laissa dire et maintint sa décision. Le 17 mai suivant, il nomma une première commission dont le rôle était de consulter l'ensemble des évêques et des supérieurs d'ordre du monde entier.

Quelques jours plus tôt, il avait pris une autre initiative bien plus discrète, mais ô combien symbolique. Lors du vendredi saint, en entendant la prière traditionnelle qui invitait les catholiques à prier pour « les juifs perfides », il avait demandé au lecteur de la redire en supprimant le terme « perfide ». Jean XXIII n'ignorait pas qu'en latin, *perfidis* signifiait simplement « infidèle », mais il savait aussi fort bien qu'au fil des siècles, le mot « perfide » avait pris une acception extrêmement péjorative.

Au cours de cette année 1959, les observateurs constatèrent que quelque chose était bel et bien en train de changer au Vatican, après l'immobilisme des dernières années du pontificat de Pie XII. Le nouveau pape se voulait plus simple et plus convivial que ses prédécesseurs : il demanda au directeur de *L'Osservatore Romano* de cesser d'utiliser des formules ampoulées ou des superlatifs exagérés à son sujet, commença à simplifier l'apparat pontifical et, « ne voulant pas avoir l'air d'un séminariste puni », émit le vœu de ne pas prendre ses repas seul comme le faisait Pie XII : « J'ai lu attentivement l'Évangile, expliqua-t-il à son entourage, sans y trouver un passage qui prescrive de manger seul. Jésus, comme on le sait, aimait à manger en compagnie ! »

Par ailleurs, les Romains comprirent que Jean XXIII avait à cœur d'être réellement leur pasteur. « Je suis pape en tant qu'évêque de Rome », aimait-il à rappeler, espérant ainsi que les « frères chrétiens séparés » regarderaient d'un autre œil le ministère pétrinien.

1960

Le diocèse de Rome fut d'ailleurs au centre des préoccupations de Jean XXIII au début de l'année 1960. Lui qui avait assisté au synode de Bergame aux côtés de Mgr Radini Tedeschi en 1907 puis avait dirigé le synode de Venise en tant que patriarche en 1957, connaissait parfaitement les ressorts de ce type d'assemblée. Le synode de Rome – le premier depuis 1461 ! – s'ouvrit le dimanche 24 janvier 1960, en la basilique Saint-Jean-de-Latran.

Pour le pape, il y avait urgence à répondre aux besoins d'une ville qui était passée, en un demi-siècle, de 400 000 habitants à plus de 2 millions, et où la ferveur religieuse s'était un peu assoupie. Dans son discours inaugural, Jean XXIII évoqua un thème qui lui était cher et qu'il reprendrait lors de l'ouverture du concile : la distinction entre ce qui est immuable et ce qui peut être changé, la possibilité d'adapter la discipline ecclésiastique et la pastorale aux temps nouveaux sans pour autant toucher à l'intégrité de la doctrine chrétienne. Hélas, les constitutions synodales avaient été préparées à l'avance par des commissions contrôlées par la curie et se révélèrent peu innovantes. Ce synode eut donc peu d'effets immédiats, mais s'avéra comme une répétition – à échelle réduite – de ce qui convenait de faire – et de ne pas faire – lors du prochain concile œcuménique.

Durant le Carême qui suivit, Jean XXIII continua à montrer son attachement pour les Romains en se rendant, non plus dans les paroisses du centre-ville comme en 1959, mais dans celles de la banlieue éloignée.

Au Vatican, il poursuivit deux de ses principales innovations de l'année écoulée. Au cours d'un deuxième consistoire, il continua à faire grandir le Sacré Collège et à l'internationaliser réellement en y faisant entrer – pour la première fois – un Japonais, un Tanzanien et un Philippin ! Quant à la nouvelle attitude qu'il voulait adopter à l'égard du judaïsme, elle se traduisit en actes par l'audience qu'il accorda, le 13 juin 1960, à l'historien Jules Isaac. Ce dernier, qui depuis l'immédiat après-guerre œuvrait pour un rapprochement entre juifs et chrétiens, demanda à Jean XXIII d'intervenir afin que l'Église renonce à « l'enseignement du mépris » dont elle faisait preuve depuis des siècles envers le judaïsme. « Vous avez droit à plus qu'une espérance », lui répondit l'ancien délégué apostolique à Istanbul, qui dut alors se souvenir de tous les juifs persécutés qui étaient venus lui demander secours durant la Seconde Guerre mondiale. Jean XXIII dirigea Jules Isaac vers le cardinal Bea qui se vit chargé de rédiger un texte sur la manière dont l'Église comptait désormais parler du judaïsme.

Le pape avait pleine confiance dans le cardinal Bea qu'il venait de nommer à la tête d'une toute nouvelle entité, baptisée « secrétariat pour l'unité des chrétiens ». Mais Jean XXIII croyait encore plus dans les rencontres que dans les structures : après avoir reçu discrètement (trois jours seulement après son couronnement !) les pasteurs Roger Schutz et Max Thurian de la communauté de Taizé, il ouvrit la porte de son bureau-bibliothèque, en décembre 1960, au Dr Geoffrey Fisher qui n'était autre que le primat de l'Église anglicane. Cette visite, bien que privée, n'en était pas moins historique : il y avait en effet plus de quatre siècles qu'un archevêque de Cantorbéry et un pape de Rome ne s'étaient pas rencontrés !

1961

Les initiatives œcuméniques continuèrent en 1961 avec la réception du révérend Lichtenberger, président de l'Église épiscopale américaine, et celle du pasteur Jackson, président de la convention baptiste, ainsi qu'avec l'envoi à Athénagoras Ier, patriarche œcuménique de Constantinople, de deux émissaires du pape.

L'année 1961 fut aussi marquée par la publication de l'encyclique *Mater et Magistra*. Jean XXIII entendait ainsi commémorer le 70e anniversaire de la célèbre encyclique sociale de Léon XIII, *Rerum novarum* (1891).

Étant d'origine paysanne et ayant longtemps travaillé pour la diplomatie vaticane, Angelo Roncalli n'avait vraiment découvert la précarité de la condition ouvrière qu'à Venise, au cours de ses visites pastorales dans les cités industrielles de Mestre ou de Marghera.

Après son élection, le pape était revenu régulièrement, dans ses allocutions, sur le « terrible problème du chômage » et sur la nécessité de donner à tous les ouvriers un salaire décent qui leur permette d'« assurer honnêtement leur avenir et celui de leur famille ».

Cet intérêt croissant de Jean XXIII pour les thèmes de la dignité du travail et de la justice sociale culmina donc avec l'encyclique *Mater et Magistra*. Rendu public le 15 mai 1961, ce texte n'exaltait pas seulement les acquis de l'encyclique de son prédécesseur, mais exhortait « tous les hommes à en tirer élan et lumière pour résoudre la question sociale d'une manière plus adaptée à notre temps ». Jean XXIII y réaffirmait solennellement que la doctrine sociale de l'Église est « partie intégrante de la conception chrétienne de la vie » et appelait chacun à la connaître, à l'approfondir mais surtout à la mettre en pratique. « Conscient de [son] universelle paternité », le pape se penchait aussi avec préoccupation sur les inégalités entre les nations riches et les pays en voie de développement économique.

Le 25 novembre 1961, le pape reçut, à l'occasion de son 80e anniversaire, de nombreux messages de félicitations venus du monde entier. Un mois plus tard, il publia la bulle *Humanae salutis* qui convoquait officiellement le deuxième concile du Vatican. Ce même jour, dans son message de Noël, Jean XXIII insista sur la nécessité de préserver la paix. Ce rappel était loin d'être inutile, car les mois écoulés avaient vu un net renforcement des tensions entre Américains et Soviétiques. En avril 1961, le débarquement anticastriste de la baie des Cochons, soutenu par les États-Unis, s'était soldé par un échec et avait entraîné un rapprochement entre Cuba et l'URSS. En juin, John Kennedy et Nikita Khrouchtchev s'étaient rencontrés à Vienne pour un sommet Est-Ouest qui n'avait cependant pas dissuadé les Soviétiques d'aider la RDA à construire, deux mois plus tard, le mur de Berlin. Le climat était donc de plus en plus tendu entre les deux superpuissances et Jean XXIII avait jugé qu'il était de son devoir d'appeler à la paix.

1962

L'année 1962 fut incontestablement la grande année du pontificat de Jean XXIII. Elle fut en majeure partie consacrée à la préparation finale du deuxième concile œcuménique du Vatican. Tout au long de l'année, Jean XXIII invita prêtres, religieux et fidèles à prier « afin qu'une ère nouvelle et belle se lève pour le catholicisme ». Il leur conseilla de s'y préparer en s'aidant du bréviaire, en récitant le Rosaire ou en pratiquant le jeûne. Lui-même effectua une retraite personnelle d'une semaine, dans la tour Saint-Jean, un donjon médiéval qui se trouve dans l'enceinte du Vatican. Quelques jours plus tard, il se rendit à Lorette puis à Assise, où il confia le grand événement à venir à la protection de la Vierge Marie et du Poverello. C'était le premier déplacement d'un pape hors du Latium depuis 1870 !

Le jeudi 11 octobre 1962, le concile voulu par Jean XXIII s'ouvrit solennellement sous le regard de millions de téléspectateurs. Après des semaines de travail, la nef de la basilique Saint-Pierre avait été métamorphosée en une gigantesque salle de réunion : on avait installé d'immenses tribunes afin d'accueillir tous les participants. L'*aggiornamento* de l'Église catholique pouvait commencer ! La cérémonie d'ouverture qui devait durer près de sept heures débuta par l'impressionnante procession de quelque 2 500 pères conciliaires venus du monde entier.

Visite de Jean XXIII à Lorette et à Assise en octobre 1962.
© akg-images/Mondadori Portfolio/Sergio Del Grande

À côté d'eux prirent place une cinquantaine de représentants du protestantisme et de l'orthodoxie. C'est Jean XXIII lui-même qui avait imposé à une curie plutôt hostile la présence d'observateurs non catholiques.

Après la messe de l'Esprit saint célébrée par le cardinal Tisserant, le pape prononça un discours (*Gaudet Mater Ecclesia*) qui fit date. Jean XXIII commença par exprimer son désaccord avec tous « ces prophètes de malheur qui annoncent toujours des catastrophes » et qui « dans la situation actuelle de la société, ne voient que ruines et calamités ». À l'opposé, le pape espérait qu'après avoir puisé dans le concile, « source d'enrichissement spirituel », de nouvelles énergies, l'Église regarderait sans crainte vers l'avenir. Distinguant le « dépôt de la foi » de la formulation sous laquelle il est énoncé, Jean XXIII appelait les pères conciliaires à élaborer une façon de présenter la doctrine chrétienne qui « réponde aux exigences de notre époque » et qui « corresponde mieux à un enseignement de caractère pastoral ». Pour ce faire, il lui semblait préférable de « recourir au remède de la miséricorde, plutôt que de brandir les armes de la sévérité », « de mettre davantage en valeur les richesses de la doctrine chrétienne, plutôt que de condamner ». Jean XXIII termina son discours d'ouverture en plaçant le XXIe concile de l'Histoire sous le signe de l'unité de la famille chrétienne et humaine.

Le pape et les pères conciliaires n'étaient pas les seuls à être conscients du caractère historique de ce jeudi d'automne. Dès le matin, de nombreux pèlerins avaient envahi la place Saint-Pierre. Le soir venu, malgré la tension de cette journée épuisante, Jean XXIII tint à s'adresser à la foule réunie devant la basilique : « Chers Fils, j'entends vos voix. La mienne est isolée, mais elle se fait l'écho de la voix du monde entier ; ici, en effet, le monde entier est représenté [...]. Nous sommes à la fin d'une grande journée de paix ; oui, de paix : Gloire à Dieu et paix aux hommes de bonne volonté [...]. Ce matin, Nous avons joui d'une vision que la basilique Saint-Pierre elle-même, au cours de ses quatre siècles d'histoire, n'avait jamais contemplée [...]. Tous ensemble, soutenus par la paix du Seigneur, en avant vers les œuvres de bien ! » En véritable grand-père des catholiques et, au-delà, de toute l'humanité, le pape conclut : « Je me permets de vous souhaiter une bonne nuit, car il se fait tard ; le temps passe vite quand on est dans la joie. Quand vous serez rentrés à la maison, vous y retrouverez vos petits enfants. Faites-leur une caresse en disant : C'est la caresse du pape. »

Ouverture du concile Vatican II, le 11 octobre 1962.
© Farabola/Leemage

Cette première session dura deux mois et se termina le 8 décembre 1962 par un discours de clôture du pape. Certains firent part en privé de leur déception quant au bilan de ces premiers échanges. Certes, cinq sujets d'importance avaient été abordés (la liturgie, les sources de la Révélation, les moyens de communication sociale, l'unité des chrétiens et l'Église), mais aucun schéma n'avait été définitivement adopté. De plus, les débats avaient souvent été marqués par la lenteur, la confusion et l'improvisation.

Mais Jean XXIII, qui ne s'arrêtait jamais aux apparences, ne partageait pas cet avis négatif. Pour lui, ces deux premiers mois représentaient une étape essentielle : en prenant rapidement – et de façon totalement inattendue – leur indépendance vis-à-vis de la Curie, les pères conciliaires avaient peu à peu appris à travailler ensemble. Les fruits de cette collégialité naissante ne manqueraient pas d'apparaître ensuite.

Pendant cette période, la bonne marche du concile n'avait pas été le seul souci de Jean XXIII. Le souverain s'était en effet trouvé impliqué dans l'une des crises internationales les plus graves de la seconde moitié du XXe siècle.

Tout avait commencé durant l'été 1962 avec la décision de l'URSS d'intensifier ses déploiements d'hommes et ses livraisons de matériel militaire chez son allié cubain. Incrédules de prime abord, les États-Unis avaient découvert que les Soviétiques étaient en réalité en train de construire des rampes de lancement de fusées capables d'atteindre leur territoire. Leur réaction, dès lors, ne tarda pas : le 22 octobre 1962, le président américain, John Fitzgerald Kennedy, créait la sensation en décrétant le blocus naval de Cuba, afin d'empêcher tout nouveau débarquement de matériel sur l'île dirigée par Fidel Castro. Le monde était alors au bord du chaos nucléaire. C'est dans ce contexte d'extrême tension que le pape fut sollicité comme médiateur entre les deux parties. Le 25 octobre, il transmit, aux Américains comme aux Soviétiques, un texte poignant qui fut ensuite diffusé sur Radio Vatican : « Qu'ils écoutent le cri d'angoisse qui, en tous points de la terre, des enfants innocents aux vieillards, des individus aux communautés, monte vers le ciel : paix ! paix ! [...] Nous supplions tous les gouvernants de ne pas rester sourds à ce cri de l'humanité. Qu'ils fassent tout ce qui est en leur pouvoir pour sauver la paix. Ils éviteront ainsi au monde les horreurs d'une guerre dont il est impossible de prévoir les terribles conséquences. Qu'ils continuent à négocier... »

Contrairement aux appels de certains de ses prédécesseurs ou de ses successeurs, la supplique de Jean XXIII fut entendue. Dès le lendemain, la *Pravda*, organe officiel du parti communiste soviétique, relayait l'appel du pape. Une négociation délicate mais réelle s'engageait entre Kennedy et Khrouchtchev. Le 28 octobre, ce dernier accepta de retirer ses missiles, en échange d'un engagement américain de non-intervention à Cuba. Le monde était passé tout près de l'abîme... La médiation du pape avait été l'un des facteurs décisifs qui avaient permis à cette crise inquiétante de trouver un épilogue heureux.

Cet épisode de tension extrême donna l'idée à Jean XXIII de consacrer ses dernières forces à la sauvegarde de la paix mondiale. Ses dernières forces ? Oui, car, depuis plusieurs mois, le pape se plaignait de maux gastriques de plus en plus violents. En septembre 1962, des examens médicaux révélèrent la nature du mal : un cancer de l'estomac incurable qui ne lui laissait plus beaucoup de temps à vivre. Occupé par la préparation de Vatican II, Jean XXIII, qui avait compris qu'il n'en verrait pas le terme, préféra garder le secret sur son état.

1963

Dès lors, Angelo Roncalli – qui avait si souvent médité sur la mort – sut qu'il entamait la dernière partie de son existence. Et, plus il approchait de la fin, plus son message et sa personnalité touchèrent ses contemporains.

Il y eut d'abord l'initiative du magazine américain *Time* de lui décerner le titre d'« homme de l'année 1962 ». En mars 1963, Jean XXIII fut distingué par le jury Balzan pour son action en faveur de la paix. Le prix lui fut remis le 10 mai 1963, au palais du Quirinal, en présence d'Antonio Segni, le président de la République italienne. Dans son discours de remerciement, le vieux pape malade en profita pour encourager chacun à « découvrir par-delà toutes les frontières, des visages de frères, des visages d'amis ». Dans l'intervalle, il avait publié sa huitième encyclique – *Pacem in terris* – qu'il avait définie comme son « cadeau de Pâques » à l'humanité.

Mais son mal empirait. Le 17 mai, il célébra sa dernière messe et fit sa dernière apparition publique le 23 mai, jeudi de l'Ascension. Le 31 mai, le vieux pape Roncalli reçut l'extrême-onction. Commencèrent alors, selon les propres mots de don Loris Capovilla, « quatre jours de prière, de douleur et d'amour ». À partir de ce moment, le lit du Saint-Père devint un autel : « L'autel veut une victime : me voici prêt. J'offre ma vie pour l'Église, la continuation du concile œcuménique, la paix du monde, l'union des chrétiens. » Aux visiteurs qui se succédaient à son chevet, le pape Jean XXIII délivrait sa « dernière leçon de père aimable, d'évêque de la sainte Église, de serviteur des serviteurs de Dieu ».

À l'extérieur, les messages affluaient du monde entier, émanant de chefs d'État ou de diplomates, mais plus encore d'anonymes, catholiques ou non, qui souhaitaient lui témoigner leur affection et leur admiration. Place Saint-Pierre, une foule de plus en plus nombreuse se relayait pour prier à l'attention du pape mourant.

Le lundi 3 juin, en fin d'après-midi, une messe y fut célébrée par le cardinal Luigi Traglia. À 19 h 49, alors qu'elle venait tout juste de s'achever, Jean XXIII, 261e pape de l'Histoire, rendit son dernier soupir.

Un nouveau saint pour l'Église

Bien qu'attendue, la mort de Jean XXIII causa une émotion considérable. Le Vatican reçut de très nombreux messages émanant des plus hauts responsables religieux et politiques : du patriarche de Constantinople Athénagoras au grand rabbin Kaplan, de John Fitzgerald Kennedy à Nikita Khrouchtchev, du secrétaire général de l'ONU au roi du Maroc. Synthétisant en quelque sorte l'opinion générale, le général de Gaulle déplora la disparition d'un souverain pontife « dont tout le règne a été consacré à la paix des hommes et au rapprochement des chrétiens ». Quant à François Mauriac, il écrivit dans son *Bloc-Notes* : Jean XXIII fut « le plus grand des six papes sous lesquels j'ai vécu. Et peut-être le plus saint ».

Mais plus que l'hommage des grands, c'est l'attitude des « petits », de l'homme de la rue, des croyants comme des non-croyants, qui surprit. Tous avaient trouvé chez Jean XXIII un grand-père bienveillant et sensé, un ultime rempart de bonté et de paix contre les tentations belliqueuses des puissants. On estime ainsi qu'entre le 4 et le 6 juin 1963, jour de ses obsèques, plus d'1 million de personnes défilèrent dans la basilique Saint-Pierre pour un dernier adieu au souverain pontife. Parmi eux se trouvaient Zaverio, Alfredo et Giuseppe Roncalli, les trois frères du pape défunt, ainsi que sa sœur Assunta, tous venus du « cher nid » de Sotto il Monte.

Quinze jours plus tard, le Sacré Collège réuni en conclave se décida en faveur du cardinal Montini, celui-là même dont Jean XXIII avait prédit qu'il lui succéderait. À lui, désormais, de poursuivre et de mener à bien le concile, cette « sainte imprudence », « ce désengourdissement de l'Église » voulu par Jean XXIII.

Le souvenir du « bon pape Jean » continua de rester vivace chez les pères conciliaires. Quelques évêques présents à Rome tentèrent même, en novembre 1964 et en octobre 1965, de le faire canoniser par acclamation ! Mais leur initiative fut rejetée par le pape Paul VI. Ce dernier connaissait bien évidemment la pratique ancestrale de la canonisation par acclamation, mais il ne voulait pas créer de précédent à l'époque moderne. De plus, il craignait les réactions de la minorité opposée aux premières décisions du concile. Le 18 novembre 1965, quelques jours avant la clôture définitive du concile, il autorisa tout de même l'ouverture de la cause de béatification du pape Jean XXIII, en même temps que celle de son prédécesseur Pie XII.

Le procès s'ouvrit officiellement en 1967 pour aboutir le 3 septembre 2000. Ce jour-là, en pleine année jubilaire, Jean XXIII fut élevé au rang de bienheureux. Dans son homélie, le pape Jean-Paul II rendit un hommage touchant à Jean XXIII en déclarant : « Le pape Jean a laissé dans le souvenir de tous l'image d'un visage souriant et de deux bras ouverts pour embrasser le monde entier. » Il salua ensuite « la simplicité de son âme », sa « large expérience des hommes et des choses », sa « manière nouvelle de parler et d'agir », « l'élan de sympathie avec lequel il allait vers les personnes ordinaires comme vers les puissants sur cette terre ». Il lui rendit surtout hommage pour le concile Vatican II, « intuition prophétique ».

À partir de ce moment, de nombreuses églises et écoles, paroisses et communautés, demandèrent à prendre le nom de Jean XXIII.

Treize années passèrent jusqu'à ce 5 juillet 2013 où le pape François créa la surprise en annonçant que le « bon pape Jean » serait canonisé en même temps que Jean-Paul II ! Certes, contrairement au pape polonais, aucun miracle connu ne pouvait, depuis septembre 2000, être attribué à l'intercession d'Angelo Roncalli. Mais le pape François jugea que « l'extraordinaire étendue du culte liturgique déjà rendu au bienheureux » lui permettait d'autoriser cette canonisation atypique, car sans miracle.

Cette double canonisation intervint le dimanche 27 avril 2014. Le bienheureux Jean XXIII pouvait désormais être appelé saint Jean XXIII.

Le message

L'hymne à la bonté

Le premier message que Jean XXIII a laissé au monde était si intrinsèquement lié à sa personnalité et à son existence qu'il se retrouva accolé à son nom : c'est ainsi qu'on l'appela, de son vivant même, « le bon pape Jean ».

Angelo Giuseppe Roncalli fut en effet un apôtre inlassable de la bonté. Il développa ce thème à de très nombreuses reprises, que ce soit dans ses écrits personnels ou ses interventions officielles.

Dans son message de Noël 1961, il en donna une définition à la fois simple et exigeante : « Être bon signifie être juste, être sincère, généreux, honnête et prêt à comprendre et à pardonner. Être bon exige la disposition à l'indulgence et à la générosité. » Le natif de Sotto il Monte reconnaissait que « son tempérament et l'éducation qu'il avait reçue » lui avaient montré le chemin. Mais c'est en conscience qu'il décida de ne pas s'écarter de cette voie, en suivant notamment l'exemple de son « grand maître », saint François de Sales.

Pour Angelo Roncalli, l'exercice de la bonté passait d'abord par le refus de toute médisance : « Attention, à ta langue, mon ami », note-t-il dans son *Journal de l'âme*. Il se montrait d'autant plus attentif à « pratiquer la charité dans ses paroles » et à se montrer « réservé dans ses jugements » qu'il connaissait sa « tendance à parler avec une grande abondance » !

Il s'efforça donc, au fil de ses différents ministères, « à considérer avec bienveillance les personnes et les choses, et à saisir aussitôt leur bon côté, plutôt qu'à critiquer et à juger de façon téméraire ». Angelo Roncalli savait fort bien que son indulgence pouvait le faire passer pour un faible ou pour un naïf, mais il n'en avait cure : « Pourvu que je fasse triompher la charité à tout prix, je préfère être tenu pour un homme de rien. Je me laisserai écraser, mais je veux être patient et bon jusqu'à l'héroïsme. »

Devenu pape, Jean XXIII exhorta maintes fois les catholiques à « pratiquer le devoir de la bonté », à la suite du Christ « auteur de toute bonté ».

Le trésor de la paix

Comme on l'a vu, Angelo Roncalli avait été particulièrement marqué par les deux guerres mondiales et par les innombrables souffrances qu'elles avaient engendrées. Dans de nombreux messages et, particulièrement, dans ceux qu'il prononça lors des cinq Noëls de son pontificat, le pape Jean chercha à faire prendre conscience à ses contemporains que « parmi tous les biens de la vie, de l'histoire, des individus, des familles, des nations, la paix est le plus important, le plus précieux ».

C'est pourquoi il appela « les guides des peuples » à « écarter la tentation de la violence », à garantir et à défendre « le grand trésor de la paix ». Un trésor qui semblait toujours bien fragile en cette période de guerre froide.

Jean XXIII put le constater lui-même lors de la crise des fusées d'octobre 1962 qui faillit provoquer une troisième déflagration mondiale. Dans l'appel poignant et solennel qu'il adressa, le 25 octobre, aux dirigeants américain et soviétique, il se fit le porte-parole de toute l'humanité. Il supplia les gouvernants de « continuer à négocier », afin d'« éviter au monde les horreurs d'une guerre dont il est impossible de prévoir les terribles conséquences ».

Le succès de cette médiation, mais aussi la conscience aiguë que le monde était passé tout près de l'abîme incitèrent le pape à consacrer ses dernières forces à la sauvegarde de la paix internationale. Inspiré par Jésus-Christ « prince de la paix », il adressa, non seulement aux chrétiens, mais à tous les hommes de bonne volonté, une huitième et ultime encyclique intitulée *Pacem in terris* (« la paix sur la terre »).

Dans ce texte que l'on considère généralement comme son « testament intellectuel », Jean XXIII faisait reposer la paix sur quatre « piliers » fondamentaux : la vérité, la justice, la charité et la liberté. Il ne se contentait pas de considérations théoriques, réclamant – entre autres mesures – l'« arrêt de la course aux armements » et la « proscription de l'arme atomique ». Moins de deux décennies après Hiroshima et Nagasaki, l'encyclique eut un large écho et reçut un accueil très favorable.

Appel à l'unité

« Ut unum sint » (« Que tous soient un ») : cette invitation du Christ (Jean 17, 21) devint une priorité d'Angelo Roncalli à partir de sa mission de visiteur puis de délégué apostolique en Bulgarie (1925-1934). C'est véritablement là que, selon les mots de son secrétaire don Loris Capovilla, il « devint l'ami sincère du monde orthodoxe » et prit pleinement conscience du scandale de la division des chrétiens.

Il chercha dès lors à « favoriser toutes les formes de fraternisation entre les catholiques et les orthodoxes qui permettent de nous ramener tous plus intimement aux sources pures de la vie religieuse chrétienne ». C'est dans cet esprit qu'il rencontra à plusieurs reprises le métropolite Stefan, adressa un message de vœux et de salutations au concile des évêques orthodoxes bulgares et eut même un entretien « intéressant » avec Basile III, le patriarche œcuménique de Constantinople et l'un des prédécesseurs d'Athénagoras Ier.

Ces contacts n'étaient pas forcément du goût du Saint-Siège qui, à l'époque, prônait un retour pur et simple, sans concession ni discussion, des « enfants égarés » (encyclique *Mortalium animos* de Pie XI, 1928).

Peu à peu, Angelo Roncalli se démarqua de cet unionisme officiel et évolua vers un œcuménisme fondé sur une double conviction : d'une part, la voie de l'union serait la voie de l'amour (*via unitatis, via caritatis*) ; d'autre part, ce qui unit les chrétiens est plus fort que ce qui les divise.

Après son élection au trône de Saint-Pierre en 1958, Jean XXIII multiplia les initiatives destinées à « abattre les barrières entre les diverses bergeries du Seigneur », selon la belle expression de François Mauriac : il créa, en juin 1960, un secrétariat pour l'unité des chrétiens, rencontra, au Vatican, des représentants des autres Églises chrétiennes, et imposa la présence d'observateurs non catholiques au concile.

Au-delà de la réconciliation de la famille chrétienne, Jean XXIII appelait de ses vœux l'unité de tout le genre humain, « fondement nécessaire pour faire que la cité terrestre soit à l'image de la cité céleste qui a pour roi la vérité, pour loi la charité et pour mesure l'éternité ».

Chères familles

On sait combien le fils de Giovanni Battista Roncalli et Marianna Mazzola fut, durant toute son existence, indéfectiblement attaché à sa famille. L'abondante et affectueuse correspondance qu'il adressa aux siens, depuis Rome ou Sofia, Istanbul ou Paris, suffirait à le prouver.

Dans l'une de ses lettres datant du 20 décembre 1932, l'évêque Roncalli, représentant du Saint-Siège en Bulgarie, n'a pas peur de reconnaître modestement tout ce qu'il doit à l'éducation qu'il a reçue : « J'ai oublié beaucoup de choses lues dans les livres ; mais je me souviens encore très bien de tout ce que j'ai appris de mes parents et des anciens. C'est pour cela que je ne cesse pas d'aimer Sotto il Monte, et que je me fais une joie d'y retourner tous les ans. L'ambiance est simple, mais pleine de bons principes, de souvenirs profonds, d'enseignements précieux. »

Cette expérience personnelle et ses convictions intimes incitèrent Jean XXIII à évoquer fréquemment le thème de la famille dans ses discours, homélies ou allocutions. Dès le 10 février 1959, il fit part de son désir ardent que « tout foyer, à l'exemple de celui de Nazareth, se transforme en un temple de la vie religieuse et en une école de vertus ».

Cette conception très haute de la famille (« collaboration la plus merveilleuse et la plus étroite de l'homme avec Dieu ») le conduisit à s'inquiéter plus d'une fois des attaques que subissait cette « cellule vivante de la société ».

On peut ainsi lire dans sa première encyclique (*Ad Petri cathedram*, datée du 29 juin 1959) ces lignes qui contredisent l'image d'un homme béatement optimiste que l'on a trop souvent accolée à Jean XXIII : « Si l'institution chrétienne de la famille vacille, si les préceptes donnés à ce propos par le divin Rédempteur sont rejetés ou négligés, ce sont les fondements mêmes de la société civile qui sont mis en jeu et menacent ruine, au plus grand détriment de tous les citoyens. »

Le commandement de la charité

Si Jean XXIII a été canonisé le 27 avril 2014, ce n'est pas uniquement parce qu'il fut l'instigateur inspiré du concile Vatican II ; c'est aussi et surtout parce qu'il sut pratiquer les trois grandes vertus théologales que sont la foi, l'espérance et la charité.

Cette dernière vertu lui était particulièrement chère. « La masse innombrable de ceux qui souffrent, des malades, des isolés, réclame constamment notre aide et elle ne devrait pas attendre en vain », rappela-t-il avec force dans un message d'août 1962, en s'appuyant sur un verset, célèbre mais trop souvent oublié, du Nouveau Testament : « Ce que vous aurez fait au plus petit de mes frères, c'est à moi que vous l'aurez fait » (Matthieu 25, 40).

Durant toute son existence, Angelo Giuseppe Roncalli eut à cœur d'appliquer à l'égard de son prochain ce qu'il appelait le « grand commandement de la charité ». Des pauvres catholiques orientaux de Bulgarie aux familles miséreuses de Mestre près de Venise, des Grecs affamés durant la Seconde Guerre mondiale aux juifs implorant son aide pour échapper à la mort, nombreux sont ceux qui bénéficièrent de son soutien charitable, discret mais efficace.

Mgr Bugarini fut l'un d'entre eux. Il était recteur du séminaire romain de l'Apollinaire quand le jeune Angelo y entra en 1901 pour poursuivre ses études. Vingt ans plus tard, alors que don Roncalli venait d'être appelé à Rome pour prendre la direction de l'Œuvre de la propagation de la foi, il apprit que son ancien recteur, devenu un vieil homme, vivait dans le dénuement. Il lui proposa alors de l'accueillir dans l'appartement qu'il venait de louer avec ses deux sœurs et le garda chez lui jusqu'à la mort de l'ancien recteur trois ans plus tard : « De tout ce qui est fait de grand et de louable dans le monde, la charité vécue et pratiquée est la seule chose qui demeure et dont la pure lumière brillera jusque dans l'éternité. »

Le choix de l'humilité

En 1957, Angelo Roncalli aurait eu toutes les raisons de se féliciter du chemin parcouru : en un demi-siècle, ce fils d'une pauvre famille paysanne était parvenu à s'élever dans la hiérarchie catholique, au point d'avoir été, quatre ans plus tôt, créé cardinal et nommé patriarche de Venise. Pourtant, cette année-là, lors d'une retraite avec les évêques de Vénétie, il nota dans son *Journal de l'âme* : « Mon humble et maintenant longue vie s'est déroulée comme un écheveau, sous le signe de la simplicité et de la pureté. Il ne me coûte rien de reconnaître et de répéter que je ne suis et ne vaux qu'un beau néant. Le Seigneur [...] a pensé à tout. Moi, je l'ai laissé faire. »

On pourrait prendre ces paroles pour de la fausse modestie si leur auteur, dès ses premières années au séminaire soixante ans plus tôt, ne s'était pas engagé à « veiller sur lui-même pour éviter que l'orgueil ne grandisse en lui », « à châtier toujours l'amour-propre, son vice dominant » et à « se garder de se donner la moindre importance ».

Ce devoir d'humilité tirait sa source d'un verset de l'Évangile que Jean XXIII avait tant médité qu'il le cita dans sa toute première allocution pontificale : « Apprenez de moi que je suis doux et humble de cœur » (Matthieu 11, 29).

Soucieux de se mettre à l'école du Christ et de l'imiter en toutes choses, Jean XXIII n'eut de cesse de « ne s'enorgueillir de rien », mais de « tout attribuer à la grâce de Dieu ».

De l'austère séminaire de Bergame aux splendeurs du Vatican, il fit de l'humilité la pierre angulaire de sa spiritualité et de son comportement. Une humilité qui se manifestait par la simplicité et l'humour.

Une bonne dose d'humour

Lors de sa vigoureuse homélie de Noël 2014 sur les « maladies et les tentations » auxquelles est confrontée la Curie romaine, le pape François mit le doigt – entre autres – sur ce qu'il appela la « maladie du visage funèbre. C'est-à-dire des personnes grincheuses et revêches, qui considèrent que pour être sérieuses il faut arborer un visage de mélancolie, de sévérité et traiter les autres – surtout ceux qui sont censés être inférieurs – avec rigidité, dureté et arrogance ». À l'inverse, il rappela qu'« un cœur plein de Dieu est un cœur heureux qui irradie et communique sa joie à tous ceux qui sont autour de lui » et souhaita à ses interlocuteurs de « ne pas perdre cet esprit de joie, plein d'humour, et même d'autodérision, qui nous rend aimables, même dans les situations difficiles ».

Un esprit que Jean XXIII possédait au plus haut point : non seulement il n'était pas avare de ses sourires, s'efforçait à « montrer à tout le monde de l'amabilité, de l'indulgence, de la courtoisie et de la patience », mais de plus il aimait à plaisanter. Jean XXIII se servait de l'humour pour dédramatiser certaines situations et, plus fréquemment encore, pour se moquer de lui-même.

À un petit garçon qui avait envie de devenir policier ou pape, il aurait ainsi répondu : « Apprends le métier de policier, car ça ne s'improvise pas. Quant à être pape, tu verras plus tard. N'importe qui peut être pape ; la preuve, c'est que je le suis devenu ! »

Son sens de l'à-propos lui permettait aussi de railler gentiment la prétention – volontaire ou non – de certains de ses interlocuteurs. On a souvent raconté à ce sujet l'anecdote de sa visite à l'hôpital romain du Saint-Esprit. Tout émue, une religieuse s'était présentée à lui en disant : « Très Saint-Père, je suis la supérieure du Saint-Esprit. » Et Jean XXIII de répondre avec malice : « Eh bien ! vous en avez de la chance, moi je ne suis que le vicaire de Jésus-Christ ! »

À la suite de saint Philippe Néri et de saint Thomas More, saint Jean XXIII a donc réussi à faire de l'humour une vertu chrétienne et à faire mentir l'expression : « Être sérieux comme un pape » !

Confiance en Dieu

Dans son discours d'ouverture du concile Vatican II, le 11 octobre 1962, Jean XXIII avait exprimé son désaccord avec les « prophètes de malheur qui annoncent toujours des catastrophes » et qui « dans la situation actuelle de la société, ne voient que ruines et calamités ».

Le pape n'était pas naïf pour autant. Il était au contraire extrêmement lucide sur la situation de son temps et savait fort bien que l'humanité était confrontée à « de grandes ténèbres » et à « des heures redoutables ». Mais sa connaissance du passé, marqué par des périodes « bien pires », lui permettait de relativiser ce sombre constat. Mieux encore, le pape croyait apercevoir « certains signes qui laissent espérer un avenir meilleur pour l'Église et la société humaine ».

Cet optimisme était fondé sur la présence dans le monde de nombreux hommes et femmes de bonne volonté et, au-delà, sur la confiance absolue qu'il avait en Dieu et en sa Providence.

Combien de fois, dans ses lettres, n'exhorta-t-il pas les siens, à « aller de l'avant sans peur, les yeux en haut et le cœur confiant dans le Seigneur », « à vivre en paix, avec patience, jour après jour » ? Et d'ajouter : « Il y a une Providence et elle nous enverra son aide [...] comme elle l'a toujours fait dans le passé, toujours, bien que petit à petit. »

Face aux épreuves

Difficultés financières, contrariétés relationnelles, maladies, deuils : durant les huit décennies que dura son existence, Angelo Giuseppe Roncalli fut touché – directement ou indirectement – par de nombreuses épreuves.

Très tôt, il s'était fait à l'idée que les croix, petites ou grandes, faisaient partie intégrante de la vie (« Partout les roses sont accompagnées de leurs épines ») et il invitait ses interlocuteurs et ses correspondants à porter leurs croix avec patience.

Pour les aider, il leur indiquait trois « moyens » qu'il pratiquait lui-même :

– offrir ses épreuves au Seigneur avec calme ;

– s'unir à Jésus « qui a tant souffert pour nous » ;

– penser au Paradis qu'il convient de mériter.

Jean XXIII était en effet persuadé que cette vie terrestre, « mortelle et passagère », n'était qu'une préparation à « la vie immortelle et à la patrie où nous vivrons éternellement ». Il estimait donc qu'il est possible de supporter les épreuves « si nous sommes convaincus que le Seigneur dirige toutes choses et que notre dernière et réelle destination est le Paradis, vers lequel doivent se porter toutes nos idées et toutes nos actions ». À ceux que la douleur affligeait, il conseillait de continuer à cultiver le bien et à conserver « la ferme assurance qu'au-delà de la souffrance brille l'éclat de la résurrection ».

Devenir meilleur, devenir saint

« On ne naît pas saint, on le devient » : tel pourrait être le résumé de la vie et du parcours spirituel d'Angelo Roncalli. Son *Journal de l'âme*, entamé dès l'âge de 15 ans, témoigne du désir constant qu'il éprouva de « se perfectionner continuellement ». Ce qui lui permettait d'affirmer à près de 80 ans : « À quoi consiste la vie chrétienne dans son ensemble ? À progresser résolument. »

Cette vision dynamique de la vie morale et spirituelle l'amenait à penser que « le vrai chrétien [...] ignore ce que signifie s'arrêter et, pis encore, reculer. Plein [...] du désir de devenir meilleur et d'améliorer le monde, il avance joyeusement à la recherche continuelle du bien ». Une recherche qui suppose de « suivre l'esprit du Seigneur » et de « lui consacrer ses pensées, ses sentiments, ses activités et ses travaux ».

Au bout de ce « continuel perfectionnement de soi-même » que vivait et recommandait Jean XXIII se trouvait la sainteté, à laquelle il se sentit appelé alors qu'il n'était encore que séminariste : « Dans ses desseins adorables, Dieu veut que je devienne un saint dans toute la force du terme. Je dois en être toujours bien persuadé. Et je dois être saint à tout prix. » À tout prix, cela signifiait – entre autres – apprendre à « rendre le bien pour le mal » et « vivre sous le regard de Dieu, avec le souci de lui plaire en toutes choses ».

Par son style, son parcours et ses initiatives, Jean XXIII a incontestablement inauguré une nouvelle manière d'être pape.

Les cinq souverains pontifes qui, depuis, se sont succédé à la tête de l'Église catholique romaine se sont tous inspirés de son héritage.

L'héritage

Paul VI

Giovanni Battista Montini fut le seul de ses successeurs que Jean XXIII ait véritablement connu. La première rencontre entre les deux hommes remonte à 1925, à Rome. À partir de 1937, quand Mgr Montini fut nommé substitut à la secrétairerie d'État, leurs échanges devinrent réguliers et se poursuivirent jusqu'à la mort de Jean XXIII.

Même s'il se moquait parfois gentiment de la personnalité anxieuse et indécise de son ami, allant – dit-on – jusqu'à le surnommer « Hamlet », Jean XXIII éprouvait une réelle estime pour Mgr Montini.

Il le prouva en le créant cardinal, dès le premier consistoire de décembre 1958. Par la suite, à de nombreuses reprises, Jean XXIII indiqua à son entourage qu'« à son avis, son successeur serait le cardinal Montini et que c'est vers lui que devraient converger les votes du Sacré Collège ». Cette « prophétie » s'avéra exacte, puisque, le 21 juin 1963, le cardinal Montini fut élu pape et prit le nom de Paul VI.

Dès le lendemain, le nouveau souverain pontife leva tous les doutes sur la poursuite de ce qui constituait la grande initiative de Jean XXIII : le concile

Vatican II. Les travaux reprirent en septembre 1963. À l'issue de trois nouvelles sessions, ils aboutirent à la promulgation de nombreux textes importants, dont la déclaration *Nostra Ætate* (promulguée le 28 octobre 1965) que Jean XXIII et Jules Isaac (tous deux décédés en 1963) auraient été heureux de lire : « S'il est vrai que l'Église est le nouveau Peuple de Dieu, les Juifs ne doivent pas, pour autant, être présentés comme réprouvés par Dieu ni maudits, comme si cela découlait de la Sainte Écriture. Que tous donc aient soin, dans la catéchèse et la prédication de la Parole de Dieu, de n'enseigner quoi que ce soit qui ne soit conforme à la vérité de l'Évangile et à l'esprit du Christ. »

Paul VI s'inscrivit également dans la lignée de son prédécesseur immédiat par son souci de continuer à simplifier la pompe pontificale : le 13 novembre 1964, par exemple, on le vit descendre de son trône et déposer solennellement sa tiare sur l'autel, en indiquant qu'il l'offrait aux pauvres. Ce désir d'être plus simple et plus proche du peuple des catholiques se traduisit aussi par de fréquents déplacements : Jean XXIII avait montré le chemin en effectuant plus de cent cinquante sorties hors du Vatican. Cela lui avait valu d'être affectueusement surnommé par les Romains « Jean-hors-les-murs », en référence aux nombreuses églises romaines portant ce type de nom. Paul VI accentua cette initiative en se rendant sur les cinq continents.

Le premier de ces voyages (en Terre sainte) rejoignait une dimension à laquelle Angelo Roncalli était très attaché : le dialogue avec les « frères séparés ». Le 5 janvier 1964 eut lieu à Jérusalem une rencontre historique entre Paul VI, chef de l'Église catholique romaine, et Athénagoras Ier, patriarche œcuménique de Constantinople. Deux ans plus tard, les deux hommes posèrent un nouvel acte extrêmement fort : le 7 décembre 1965, ils levèrent les excommunications réciproques qui étaient en vigueur… depuis 1054 !

Paul VI continua à afficher son attachement à l'œcuménisme en recevant officiellement, le 23 mars 1966, le Dr Ramsey, archevêque de Cantorbéry et primat de l'Église anglicane. Il approfondissait ce qu'avait initié Jean XXIII en 1960, avec la visite (privée) au Vatican du Dr Fisher (prédécesseur du Dr Ramsey).

Comme on le constate, Paul VI, avec le style qui lui était propre, eut vraiment à cœur de faire fructifier l'héritage reçu de Jean XXIII. À son image, il voulut que le Saint-Siège reste une autorité morale écoutée en matière de défense de la paix. Son discours vibrant en octobre 1965, à la tribune des Nations unies, en témoigne : « L'Humanité devra mettre fin à la guerre ou c'est la guerre qui mettra fin à l'Humanité […]. Jamais plus la guerre, jamais plus la guerre ! »

Jean-Paul Ier

De prime abord, on pourrait penser que le pontificat de Jean-Paul Ier fut trop court (trente-trois jours) et donc dénué d'initiatives notables pour qu'il soit possible de le compter – ou non – parmi les héritiers de Jean XXIII. Toutefois, en y regardant de plus près, on distingue certains éléments qui dessinent bel et bien une sorte de filiation spirituelle entre les deux hommes.

Tout comme Angelo Roncalli, Albino Luciani naquit (en 1912) dans une famille de paysans pauvres du nord de l'Italie. Il en garda, toute sa vie durant, un penchant très roncallien pour la simplicité et l'humilité. C'est d'ailleurs le mot « *humilitas* » qu'il retint comme devise, lorsqu'il fut, le 27 décembre 1958, consacré évêque à Saint-Pierre de Rome… par Jean XXIII !

D'abord évêque de Vittorio Veneto, Mgr Luciani fut porté, en 1969, sur le siège patriarcal de Venise. Pendant neuf ans, il put très vraisemblablement s'intéresser à l'action pastorale menée, dans les années 1950, par l'un de ses prestigieux devanciers à ce poste : Angelo Roncalli !

Le 26 août 1987, après un seul tour de scrutin, le cardinal Luciani devenait, après Pie X et Jean XXIII, le troisième patriarche de Venise du XXe siècle à être élu pape.

Le nom qu'il choisit alors de porter – Jean-Paul Ier – était bien sûr une allusion à deux des apôtres du Christ les plus marquants, mais aussi un hommage explicite à ses deux prédécesseurs immédiats : Jean XXIII et Paul VI. Le nouveau souverain pontife le confirma dès le lendemain au cours de l'Angélus dominical : « Je n'ai ni la "sagesse du cœur" du pape Jean, ni la préparation et la culture du pape Paul. Cependant je suis à leur place, je dois tâcher de servir l'Église. »

Son souci de simplicité et de proximité apparut dès son installation, mot qui fut substitué à celui de couronnement, puisque Jean-Paul Ier refusa de coiffer une tiare, préférant porter le pallium ainsi qu'une simple mitre d'évêque. Au début de la cérémonie, il fit aussi le choix très remarqué d'entrer à pied dans la basilique vaticane et donc ne pas utiliser la traditionnelle *sedia gestatoria* (chaise à porteurs).

Mais il n'est pas toujours facile, même quand on est le pape, de rompre avec des habitudes séculaires. De nombreux fidèles s'étant plaints de n'avoir pas pu, lors de la cérémonie d'installation, apercevoir Jean-Paul Ier qui marchait en compagnie des autres cardinaux, le protocole lui fit comprendre qu'il serait souhaitable qu'à l'avenir, il prenne place sur la *sedia gestatoria* afin de pouvoir être vu de tous.

Jean-Paul Ier se plia à ce vœu lors d'une audience ultérieure. En revanche, il resta ferme sur sa décision de renoncer définitivement à l'emploi du « Nous de majesté » et de s'exprimer uniquement à la première personne du singulier. Jean XXIII avait ouvert la voie, « en oubliant ou en refusant souvent, même dans les circonstances solennelles, d'employer le pluriel de majesté » (Henri Fesquet, chroniqueur religieux du *Monde*).

Dès sa première intervention, Jean-Paul Ier indiqua sans ambages comment il entendait exercer sa mission pontificale : « Je veux être un pasteur, pas un fonctionnaire de bureau. » Une phrase qu'aurait pu signer Jean XXIII, lui qui, dans ses ministères successifs, privilégia toujours la dimension pastorale.

Un autre élément souligne la réelle proximité spirituelle entre les deux hommes : Jean-Paul Ier proposa ainsi à son auditoire de consacrer ses premières audiences publiques à des méditations sur « ce que Jean XXIII appelait les sept lampes de la sanctification », à savoir les trois vertus théologales (foi, espérance, charité) et les quatre vertus cardinales (prudence, justice, force, tempérance).

Le « pape au sourire » (autre point commun avec Jean XXIII dont les catholiques appréciaient le visage souriant) n'eut hélas pas le temps d'aller au bout de son projet. Comme on le sait, il mourut brusquement le 28 septembre 1978, au lendemain d'une audience au cours de laquelle il avait abordé le thème très roncallien de la charité…

Ce fut le pape Jean-Paul II qui, dès après son élection, décida – en mémoire de Jean-Paul Ier – d'achever ce cycle de méditations inspirées par Jean XXIII.

Jean-Paul II

Lorsque le Vatican annonça que le pape Jean-Paul II béatifierait, le 3 septembre 2000, son prédécesseur Jean XXIII, le souvenir de ce dernier s'était quelque peu estompé dans le cœur des catholiques.

Sa cause de béatification avait pourtant été autorisée par Paul VI, le 18 novembre 1965, et, dès l'année suivante, un premier miracle dû à l'intercession du « bon pape Jean » avait été constaté : sœur Caterina Capitani, une fille de la Charité italienne, avait été ainsi guérie d'un cancer à l'estomac. Cependant, le procès en béatification de Jean XXIII n'avançait guère : la nomination d'un postulateur commun aux causes si différentes de Jean XXIII et de Pie XII expliquait, sans doute, ce blocage. Quoi qu'il en soit, il fallut attendre le pontificat de Jean-Paul II pour que le procès de béatification de Jean XXIII soit relancé et parvienne à sa fin.

Le grand pape polonais éprouvait en effet un fort attachement vis-à-vis de son prédécesseur, au point de se reconnaître comme « un fils de Jean XXIII ». Alors qu'il n'était encore qu'évêque auxiliaire de Cracovie, Mgr Karol Wojtyła avait participé à la cérémonie d'ouverture du concile Vatican II, le 11 octobre 1962. Au fil des sessions, il avait pris une part de plus en plus active aux travaux, allant jusqu'à se faire remarquer par le théologien dominicain Yves Congar qui avait noté dans son *Journal du Concile* : « Wojtyła fait une très grande impression. Sa personnalité s'impose. Il rayonne d'elle un fluide, une attirance, une certaine force prophétique très calme, mais irrécusable. »

Devenu pape, Jean-Paul II exprima à de multiples reprises son admiration et sa dette envers Vatican II : « Ce fut un extraordinaire événement ecclésial et je remercie Dieu d'y avoir participé du premier au dernier jour. » En 1986, devant des journalistes, n'avait-il pas affirmé que « la visée essentielle de son pontificat était d'appliquer et de faire appliquer le concile » ?

Quinze ans plus tard, dans sa lettre apostolique *Novo millennio ineunte* de 2001, il avait défini le concile comme « une boussole fiable » pour le IIIe millénaire et exhorté les fidèles à en lire les textes de manière appropriée. En béatifiant Jean XXIII le 3 septembre 2000, il n'avait bien sûr pas omis de rendre hommage à « l'intuition prophétique de ce Pontife âgé qui inaugura, au milieu de nombreuses difficultés, une saison d'espérance pour les chrétiens et pour l'humanité ».

Jean-Paul II se sentait l'héritier de Jean XXIII dans bien d'autres domaines. En avril 1986, il fut ainsi le premier pape à entrer dans une synagogue, celle de Rome. Jean XXIII, qui avait reçu Jules Isaac et qui, un jour de mars 1962, alors qu'il passait en voiture devant cette même synagogue, s'était arrêté pour bénir les fidèles juifs qui en sortaient, se serait senti compris.

En mai 1999, Jean-Paul II fut là encore le premier souverain pontife à se rendre dans un pays majoritairement orthodoxe (la Roumanie), avant de récidiver en 2001 (Grèce et Ukraine). L'ancien visiteur apostolique en Bulgarie (qui écrivait : « Les catholiques et les orthodoxes ne sont pas des ennemis, mais des frères. Nous avons la même foi ; nous participons aux mêmes sacrements, surtout à la même Eucharistie. ») aurait apprécié.

La filiation entre Jean XXIII et Jean-Paul II apparaît également dans les innombrables efforts que Jean-Paul II effectua en faveur de la paix durant tout son pontificat, que ce soit lors du conflit des Malouines, dans les affrontements au Proche-Orient et au Moyen-Orient, ou lors de la guerre dans l'ex-Yougoslavie. En concluant la mémorable rencontre de prière pour la paix tenue à Assise le 27 octobre 1986, Jean-Paul II avait mentionné les « quatre piliers » chers à Jean XXIII et à son encyclique *Pacem in terris* : la vérité, la justice, l'amour et la liberté.

On pourrait détailler bien d'autres domaines, notamment spirituels, dans lesquels Jean-Paul II se situe en droite ligne de l'héritage de Jean XXIII : la dévotion à l'égard de la Sainte Vierge, l'abandon à la Providence, la place éminente accordée à la prière, l'attachement à la famille…

Mais, s'il fallait n'en retenir qu'un, cela pourrait être la confiance placée en Dieu et en l'homme, principalement en la jeunesse. C'est cet état d'esprit résolument optimiste qui faisait dire à Jean XXIII : « En dépit des voix qui se font entendre ici et là et se préoccupent de la substance de la jeunesse actuelle, Nous avons confiance en elle. […] Nous avons confiance dans les dons de votre esprit et de votre cœur qui, dans un avenir prochain, doivent porter la responsabilité dans l'État et la société. »

C'est ce même état d'esprit qui amena Jean-Paul II à déclarer aux jeunes, dès son élection en octobre 1978 : « Vous êtes l'avenir du monde, l'espérance de l'Église, vous êtes mon espérance ! », puis, quelques années plus tard, à lancer – malgré le scepticisme de son entourage – l'idée fructueuse des Journées mondiales de la jeunesse !

Benoît XVI

Vatican II fut « l'événement ecclésial le plus important du XXe siècle » : en qualifiant ainsi le concile, le pape Benoît XVI rendait aussi hommage à celui qui l'avait « décidé, préparé et lancé » : Jean XXIII. Au cours de son pontificat, Benoît XVI eut l'occasion de commémorer plusieurs anniversaires liés à Vatican II : en 2005, les quarante ans de sa clôture et, en 2012, les cinquante ans de son ouverture.

« Le grand événement d'Église qu'a été le concile » était cher à Joseph Ratzinger qui en fut le « témoin direct » : jeune professeur à l'université de Bonn, il vint à Rome à l'invitation de l'archevêque de Cologne, le cardinal Frings, qui l'avait choisi comme conseiller en théologie. Plus tard, Joseph Ratzinger fut nommé expert conciliaire. « Nous étions heureux et pleins d'enthousiasme [...]. Nous étions sûrs qu'un nouveau printemps de l'Église allait arriver, avec une nouvelle présence forte de la grâce libératrice de l'Évangile », expliqua-t-il en octobre 2012, avant d'ajouter qu'après un demi-siècle et des expériences parfois douloureuses, sa joie était devenue « plus sobre »...

Benoît XVI n'en restait pas moins reconnaissant à l'égard de Jean XXIII pour le « don » qu'il avait fait à l'Église en initiant Vatican II, source de documents d'une grande richesse. Un point particulier touchait notamment Benoît XVI : que Jean XXIII ait fixé l'ouverture du concile un 11 octobre, jour où l'Église fêtait alors la divine maternité de Marie. Le pape Ratzinger imita le pape Roncalli en faisant débuter un 11 octobre l'année de Foi qu'il proclama pour la période 2012-2013. Il voulait ainsi confier cette « invitation à une conversion authentique et renouvelée au Seigneur, unique Sauveur du monde » au « cœur maternel de la Vierge Marie, Mère de Dieu », comme Jean XXIII l'avait fait en son temps pour le concile. En se rendant le 4 octobre 2012 au sanctuaire marial de Lorette, Benoît XVI mit aussi ses pas dans ceux de Jean XXIII qui – on s'en souvient – avait effectué le même pèlerinage cinquante ans plus tôt, jour pour jour.

Au total, durant les huit années de son pontificat (2005-2013), Benoît XVI fit publiquement référence au « bon pape Jean » plus d'une centaine de fois ! Il l'évoqua, par exemple, lors de son voyage en Turquie en novembre 2006. Lors d'une rencontre avec le corps diplomatique, il fit mémoire du « "Pape, ami des Turcs", qui fut Délégué apostolique en Turquie et Administrateur apostolique du Vicariat latin d'Istanbul, laissant à tous le souvenir d'un pasteur attentif et plein de charité, spécialement désireux de rencontrer et de connaître la population turque dont il était l'hôte reconnaissant ». De même, quatre ans plus tard, lors de son déplacement en Grande-Bretagne (septembre 2010), il rappela que « le dialogue entre la Communion anglicane et l'Église catholique avait évolué de manière spectaculaire depuis l'audience privée qui eut lieu entre le pape Jean XXIII et l'archevêque John Fisher en 1960 ».

En prolongeant les initiatives de saint Jean-Paul II en matière d'œcuménisme ou de dialogue interreligieux, Benoît XVI reprit donc à son tour l'héritage roncallien. Le 28 octobre 2008, en célébrant une messe à l'occasion du 50e anniversaire de l'élection de Jean XXIII, il rappela ainsi que ce « pasteur de paix » avait su « ouvrir en Orient et en Occident des horizons inattendus de fraternité entre les chrétiens et de dialogue avec tous ».

Benoît XVI était aussi sensible à « la docilité à l'Esprit saint qui caractérisa toute la vie de Jean XXIII » et qui constitue une part essentielle de son message spirituel.

Pape François

Depuis le 27 avril 2014, Angelo Giuseppe Roncalli et Jorge Mario Bergoglio sont liés à jamais dans l'histoire de l'Église. Ce jour-là en effet, le pape François canonisa deux de ses prédécesseurs : Jean XXIII et Jean-Paul II. Si la canonisation du pape Wojtyła était prévisible (un second miracle était intervenu depuis sa béatification), celle du pape Roncalli était beaucoup plus inattendue. Depuis qu'il avait été proclamé bienheureux en septembre 2000, aucun miracle n'avait été attribué à son intercession. Mais le pape François jugea que la réputation de sainteté de Jean XXIII était suffisamment avérée et son culte liturgique suffisamment répandu pour qu'il soit possible de le « dispenser » d'un second miracle.

Jorge Mario Bergoglio n'avait que 26 ans lorsque Jean XXIII mourut le 3 juin 1963. Il en garda « un souvenir vivant de l'émotion qui s'était répandue partout ce jour-là : la place Saint-Pierre était devenue un sanctuaire à ciel ouvert, accueillant jour et nuit les fidèles de tout âge et de toute condition sociale, bouleversés et priant pour la santé du pape ».

Dans les mois qui suivirent son accession à la papauté le 13 mars 2013, le pape François eut à se pencher à plusieurs reprises sur la haute figure de celui qui n'était encore que le bienheureux Jean XXIII. On peut citer par exemple son discours – le 3 juin 2013 – devant des pèlerins de Bergame venus pour le 50e anniversaire de la naissance au Ciel de leur compatriote ou l'audience accordée quelques jours plus tard aux représentants pontificaux (« l'un des cadres, et non le moins significatif, dans lesquels la sainteté d'Angelo Roncalli a pris forme »).

On peut supposer que ces différentes interventions ont contribué à rapprocher le pape François de son prédécesseur. Plusieurs observateurs avaient déjà noté de réelles similitudes entre les deux hommes : un même goût pour la cordialité et la simplicité, le même désir de rester pasteur, le sens de l'humour, une même propension à prendre leur entourage à contre-pied…

Si le pape François apparaît donc comme l'héritier du pape Roncalli en matière de style, il s'inscrit aussi dans sa lignée sur un plan plus profond : tout comme Jean XXIII, le pape François se méfie du laxisme comme du rigorisme. Il estime que seule « la miséricorde accompagne le chemin de la sainteté, l'accompagne et la fait croître ».

Les textes emblématiques

Séminaire de Bergame, automne 1898

Je dois me convaincre de plus en plus de cette vérité : Jésus veut pour moi, le séminariste Angelo Roncalli, une vertu non pas moyenne, mais très haute ; il ne sera pas content de moi tant que je ne serai pas un saint, ou du moins tant que je ne m'efforcerai, par tous les moyens en mon pouvoir, de le devenir. Elles sont si nombreuses et si grandes, les grâces qu'il m'a données dans ce but[1].

Séminaire romain, décembre 1902

Quelle douceur de penser à ce que Jésus a fait pour fonder l'Église. Au lieu d'aller chercher les savants et les sages dans les académies, les synagogues et les chaires, il a jeté son regard plein d'amour sur douze pauvres pêcheurs, rudes et ignorants. Il les a admis à son école, leur a livré ses confidences les plus intimes, en a fait l'objet de sa tendresse et de son amour, et leur a confié la grande mission de changer l'humanité.

---

1. Jean XXIII, *Journal de l'âme : écrits spirituels*, Éditions du Cerf, 1964.

Pour étendre son règne, pour participer de quelque manière à l'œuvre des Apôtres, Jésus, dans la suite des temps, s'est plu à m'appeler moi aussi. Il m'a tiré de la campagne alors que j'étais encore tout petit et, avec un amour de mère, il m'a pourvu de tout le nécessaire. Je n'avais pas de pain et il m'en a procuré, je n'avais pas de quoi me vêtir et il m'a vêtu, je n'avais pas de livres pour étudier et il y a pensé aussi. Quelquefois je l'oubliais, et lui me rappelait avec douceur ; je me refroidissais dans mon amour pour lui, et lui me réchauffait à la flamme qui fait continuellement brûler son cœur. Ses ennemis et les ennemis de son Église m'ont entouré, m'ont tendu des pièges, m'ont traîné au milieu du monde, de la boue, des immondices, et lui m'a préservé de tout mal, et n'a pas permis que la mer m'engloutisse[1].

Rome, mars 1925

L'Église me veut évêque pour m'envoyer en Bulgarie exercer, comme Visiteur Apostolique, un ministère de paix. Peut-être que beaucoup de tribulations m'attendent sur ma route. Avec l'aide du Seigneur, je me sens prêt à tout. Je ne cherche ni ne veux la gloire de ce monde ; j'en attends une très grande dans l'autre.

J'ajoute à mon nom, de façon définitive, le nom de Joseph qui, du reste, m'a été aussi imposé au baptême, en l'honneur du cher patriarche qui sera

1. *Ibid.*

mon premier patron, après Jésus et Marie, et mon modèle. Mes autres protecteurs particuliers seront saint François Xavier, saint Charles, saint François de Sales, les protecteurs de Rome et de Bergame, et le bienheureux Grégoire Barbarigo.

Je mets dans mes armes les mots « *Oboedientia et pax* » (« Obéissance et paix ») que le père César Baronius prononçait tous les jours en baisant, à Saint-Pierre, le pied de l'Apôtre. Ces mots sont un peu mon histoire et ma vie. Oh ! qu'ils soient la glorification de mon pauvre nom dans les siècles[1] !

Lettre à un séminariste orthodoxe, Sofia, juillet 1926

Mon cher ami [...]

Les catholiques et les orthodoxes ne sont pas des ennemis, mais des frères. Nous avons la même foi ; nous participons aux mêmes sacrements, surtout à la même Eucharistie. Seuls nous séparent quelques malentendus concernant la constitution divine de l'Église de Jésus-Christ. Ceux qui furent la cause de ces malentendus sont morts depuis des siècles. Laissons les querelles anciennes et travaillons, chacun dans son domaine, à rendre bons nos frères, leur offrant nos bons exemples. [...]

Plus tard, même si nous sommes partis de voies différentes, nous nous rencontrerons dans l'Union

1. *Ibid.*

des Églises afin qu'elles forment, toutes ensemble, l'unique et vraie Église de Notre Seigneur, Jésus-Christ. [...]

Restons unis, par la prière, dans le Seigneur[1].

Sofia, décembre 1932

Mes chers parents, frères, sœurs et toute la famille,

Voici venu de nouveau Noël et il nous trouve encore tous réunis ; je dis tous, bien que je sois absent de corps, car par ma pensée, mes prières, ma bénédiction, je suis toujours avec vous. Les fêtes chrétiennes, pour nous qui savons les comprendre et, avec la grâce de Dieu, les sanctifier, sont un repos pour les âmes qui parfois se lassent de souffrir longtemps ; elles nous encouragent à poursuivre tranquillement notre chemin sans trop de plaintes en pensant que la Sainte Famille a été, de fait, plus pauvre que nous. [...]

Donc, bon Noël à tous. Gloire et bénédiction au Seigneur. Et paix sur la terre aux hommes de bonne volonté ! Que le Seigneur continue à vous donner cette paix précieuse grâce à laquelle nous supportons réciproquement nos défauts, car tous nous avons quelques défauts. Le meilleur est celui qui a le plus de patience, qui sait le mieux se taire, fermer les yeux et être compatissant.

1. *In* Loris Capovilla, *Jean XXIII, témoin de la tendresse de Dieu*, Médiaspaul, 2001.

Le jour de Noël a encore ceci de beau, qu'il nous rappelle mieux à la joie du Paradis pour laquelle nous sommes faits, et où un jour nous nous retrouverons tous réunis, après les séparations de la vie, après les événements heureux et tristes de notre pèlerinage. Combien les misères de la terre nous paraîtront petites, vues de là-haut[1] !

Istanbul, décembre 1944

Hier soir, un télégramme du Vatican m'annonçait que le Saint-Père me nommait Nonce apostolique à Paris. Je ne pouvais en croire mes yeux tant j'étais loin d'imaginer pour moi un honneur aussi grand et une responsabilité aussi lourde. On attend maintenant que le Gouvernement français donne son agrément, et il faudra que je parte tout de suite de façon à être à Paris pour le Jour de l'an.

Inutile de vous dire ce que je ressens : une grande défiance et une peur de moi-même et de mes forces pour porter un si grand fardeau, et en même temps une confiance encore plus grande dans le Seigneur, qui est tenu de m'aider parce qu'en toute vérité, devant lui et devant les hommes, ce poste éminent, je ne l'ai vraiment jamais ni imaginé ni désiré.

Qu'entre tant de prélats d'âge mûr, savants et saints, le Saint-Père soit venu précisément me chercher ici, où du reste je me trouvais si bien et où

1. Jean XXIII, *Lettres à ma famille*, Éditions du Cerf, 1969.

j'aurais été bien content de vivre encore longtemps, c'est sûrement un trait de la Providence, qui se sert des plus humbles créatures, et dans la mesure même où elles n'ont pas de prétentions, pour travailler aux desseins de sa gloire.

Combien je dois, encore davantage, me sanctifier, et quelle aide vont m'apporter maintenant plus que jamais vos simples prières ! Il se peut que Paris soit mon Calvaire et qu'il faille justement qu'un pauvre homme comme moi s'y consume en sacrifice pour le service du Saint-Siège en des temps qui rendent toute restauration religieuse si incertaine et si difficile[1].

Paris, décembre 1947

Mon tempérament et l'éducation que j'ai reçue m'aident à montrer à tout le monde de l'amabilité, de l'indulgence, de la courtoisie et de la patience. Je ne m'écarterai pas de cette voie. Saint François de Sales est mon grand maître. Oh ! comme je voudrais lui ressembler vraiment et en toutes choses ! Pour ne pas manquer au grand précepte du Seigneur, je serai prêt à affronter même la dérision et le mépris.

Être « doux et humble de cœur » est toujours la manière de rayonner la plus lumineuse et la plus glorieuse pour un évêque ou un représentant du pape. Je laisse à d'autres les excès de la finesse et de

1. *Ibid.*

la prétendue habileté diplomatique, et je continue à me contenter de ma bonhomie et de ma simplicité de pensée, de parole et de comportement. En fin de compte, les choses tournent toujours à l'avantage de celui qui reste fidèle à la doctrine et aux exemples du Seigneur[1].

Testament spirituel, Venise, juin 1954

Sur le point de me présenter devant le Seigneur un en trois personnes, qui m'a créé, m'a racheté, m'a voulu prêtre et évêque, m'a comblé de grâces sans fin, je confie ma pauvre âme à sa miséricorde ; je lui demande humblement pardon de mes péchés et de mes déficiences ; je lui offre le peu de bien qu'avec son aide j'ai pu accomplir, si imparfait et minime que ce soit, pour sa gloire, pour le service de la sainte Église, pour l'édification de mes frères, en le suppliant enfin de m'accueillir avec ses saints, comme un père bon et aimant, dans la bienheureuse éternité. [...]

Né pauvre, mais d'une famille honorée et humble, je suis particulièrement heureux de mourir pauvre, ayant distribué selon les exigences et les circonstances de ma vie simple et modeste, au service des pauvres et de la sainte Église qui m'a nourri, tout ce qui m'est venu entre les mains – dans une mesure très limitée du reste – pendant les années de mon sacerdoce et de mon épiscopat. [...]

1. Jean XXIII, *Journal de l'âme : écrits spirituels*, *op. cit.*

À l'heure de l'adieu, ou, mieux, de l'au revoir, je rappelle encore à tous ce qui a le plus de prix dans la vie : Jésus-Christ béni, sa sainte Église, son Évangile et, dans l'Évangile, surtout le *Pater noster* dans l'esprit et le cœur de Jésus et de l'Évangile, la vérité et la bonté, la bonté douce et bienveillante, active et patiente, invaincue et victorieuse.

Mes enfants, mes frères, au revoir[1].

Vatican, 4 novembre 1958

On attend surtout d'un Pontife qu'il soit homme d'État expérimenté, diplomate avisé, homme de science universelle, sachant organiser la vie de tous en commun, ou enfin un Pontife à l'esprit ouvert à toutes les formes de progrès de la vie moderne, sans aucune exception.

Pourtant, tous ceux qui pensent ainsi s'écartent du bon chemin qu'il faut suivre, car ils se forment du Souverain Pontife un concept qui n'est pas pleinement conforme au véritable idéal qui doit être le sien. [...]

Ce qui Nous tient à cœur, plus que tout le reste, c'est de Nous montrer le Pasteur de tout le troupeau. Toutes les autres qualités de l'esprit et les distinctions humaines, comme la science, la sagesse dans le gouvernement, l'habileté diplomatique, le talent d'organisation, peuvent compléter et enrichir

1. *Ibid.*

la charge pastorale ; elles ne peuvent en aucune façon la remplacer.

Le principal, c'est le zèle et la sollicitude du bon Pasteur, pour qu'il soit prêt à entreprendre même ce qu'il y a de plus difficile, qu'il se distingue par sa sagesse, sa droiture, sa constance, jusqu'au sacrifice suprême. « Le bon Pasteur donne sa vie pour ses brebis[1] » (Évangile selon saint Jean, chapitre 10, verset 11).

Encyclique *Ad Petri Cathedram*, Vatican, 29 juin 1959

Dieu n'a pas créé les hommes ennemis, mais frères. Il leur a donné la terre à cultiver par leur travail et leurs efforts, pour que tous puissent jouir de ses fruits et en tirer ce qui est nécessaire à leur alimentation et à leurs besoins. Les nations différentes ne sont rien d'autre que des communautés d'hommes, c'est-à-dire de frères, qui doivent tendre dans l'union fraternelle non seulement à la fin propre à chacune d'entre elles, mais aussi au bien commun de toute l'humanité.

Du reste, cette vie mortelle et passagère ne doit pas être considérée seulement en elle-même ni en raison des jouissances qu'elle comporte. Si elle conduit à la dissolution du corps, elle prépare à la

1. *La Documentation catholique*, n° 1291, 23 novembre 1958, Bayard.

vie immortelle et à la patrie où nous vivrons éternellement.

Si l'on enlève à l'homme cette doctrine, cette consolation, cette espérance, toutes les raisons de vivre s'écroulent. Les passions, les luttes et les discordes se manifestent inévitablement et se déchaînent, sans plus aucun frein pour les contenir. À la place du rameau d'olivier de la paix, on agite les brandons de la discorde. Le sort de l'homme ressemble alors à celui des êtres privés de raison ; il devient même pire, car, abusant de cette raison qu'il possède, l'homme peut s'engloutir dans les abîmes du mal, ce qui, hélas !, arrive bien souvent, et finir, comme Caïn, par souiller la terre du sang de son frère et d'un crime affreux. [...]

Si nous nous disons frères et si nous le sommes, si nous sommes appelés au même destin dans la vie présente et dans l'autre, comment est-il donc possible de nous traiter les uns les autres en adversaires et en ennemis ? Pourquoi se porter envie, fomenter la haine, préparer des armes mortelles contre ses frères ? On s'est assez battu déjà entre hommes ! Trop de jeunes, à la fleur de l'âge, ont versé leur sang ! Trop de cimetières militaires occupent le sol, comme un avertissement sévère à revenir tous, enfin, à la concorde, à l'unité et à une paix équitable.

Que chacun pense donc, non à ce qui peut diviser les esprits, mais plutôt à ce qui peut les unir dans la compréhension mutuelle et l'estime réciproque. [...]

Nous exhortons toutes les familles à rechercher et à renforcer leur union. Si, en effet, la paix, l'unité et la concorde n'existent pas dans les familles, comment seront-elles possibles dans la société ? Cette union ordonnée et harmonieuse, qui doit toujours régner au foyer domestique, dérive du lien indissoluble et de la sainteté du mariage chrétien ; à son tour, elle assure, pour une bonne part, l'ordre, le progrès et le bien-être de la société civile tout entière.

Que le père de famille soit parmi les siens comme le représentant de Dieu et qu'il s'impose aux autres non seulement par son autorité, mais également par l'exemple d'une vie irréprochable. Que la mère de famille, par sa douceur et sa vertu, dirige la maison avec force et suavité ; qu'elle soit pour son époux tendre et affectueuse et qu'ensemble ils élèvent avec soin leurs enfants, ce don si précieux que Dieu leur a confié, et leur apprennent à vivre honnêtement et religieusement. Que les enfants, comme il convient, obéissent à leurs parents, les aiment, ne se bornent pas à leur prodiguer des consolations, mais les aident vraiment, si cela s'avère nécessaire.

Que le foyer domestique exhale cette charité qui régnait à Nazareth ; que les vertus chrétiennes y fleurissent, que l'union y soit parfaite, que les bons exemples y abondent. Que jamais – Nous en prions Dieu de tout cœur – une union si belle, si tendre et si nécessaire ne soit rompue ; si l'institution chrétienne de la famille vacille, si les préceptes donnés à ce propos par le divin Rédempteur sont rejetés ou négligés, ce sont les fondements mêmes de la société civile qui sont mis en jeu et menacent ruine, au plus grand détriment de tous les citoyens[1].

Encyclique *Mater et Magistra*, Vatican, 15 mai 1961

Il est parfaitement conforme au plan de la Providence que chacun se perfectionne par son travail quotidien, qui, pour la presque totalité du genre humain, est un travail à matière et finalité temporelles. L'Église affronte aujourd'hui une tâche immense : donner un accent humain et chrétien à la civilisation moderne, accent que cette civilisation même réclame, pour le bien de son développement et de son existence. L'Église accomplit cette tâche surtout par le moyen de ses fils, les laïcs, qui, dans ce but, doivent se sentir engagés à exercer leurs activités professionnelles comme l'accomplissement d'un devoir, comme un service que l'on rend, en union intime avec Dieu, dans le Christ et pour sa gloire, comme l'indique l'apôtre saint Paul : « Soit que vous mangiez, soit que vous buviez et quoi que vous fassiez, faites tout pour la gloire de Dieu[2] » (1re épître aux Corinthiens, chapitre 10, verset 31).

1. *La Documentation catholique,* n° 1308, 19 juillet 1959, Bayard.
2. © Libreria Editrice Vaticana, 1961.

Castel Gandolfo, août 1961

Traiter tout le monde avec respect, avec prudence et avec une simplicité évangélique. On croit communément et on trouve bon que le langage du pape, même familier, ait un air de mystère et répande une sorte de crainte. Il est pourtant bien plus conforme à l'exemple de Jésus de faire preuve de la simplicité la plus attirante, sans se départir d'ailleurs de la prudence des sages et des saints, que Dieu aide.

La simplicité peut susciter, je ne dis pas du mépris, mais une moindre considération de la part des malins. Peu importe si les malins, dont on ne doit tenir aucun compte, peuvent infliger quelque humiliation par leurs jugements et leurs mots d'esprit ; tout tourne à leur dommage et confusion. Celui qui est « simple, droit et craignant Dieu » est toujours le plus digne et le plus fort. À condition, naturellement, qu'il soit toujours soutenu par une prudence sage et avenante.

Celui-là est simple, qui n'a pas honte de confesser l'Évangile, même en face des hommes qui n'y voient qu'une faiblesse et un enfantillage, et de le confesser en toutes ses parties, et en toutes les occasions, et en présence de n'importe qui ; il ne se laisse pas tromper ou entraîner dans son jugement par le prochain, et il ne perd pas la sérénité de son âme, quelle que soit l'attitude que les autres prennent avec lui[1].

1. Jean XXIII, *Journal de l'âme : écrits spirituels*, *op. cit.*

Concile Vatican II, basilique Saint-Pierre, 11 octobre 1962

Au moment où s'ouvre ce IIe Concile œcuménique du Vatican, il n'a jamais été aussi manifeste que la vérité du Seigneur demeure éternellement. En effet, dans la succession des temps, nous voyons les opinions incertaines des hommes s'exclure les unes les autres, et, bien souvent, à peine les erreurs sont-elles nées, qu'elles s'évanouissent comme brume au soleil.

L'Église n'a jamais cessé de s'opposer à ces erreurs. Elle les a même souvent condamnées, et très sévèrement. Mais aujourd'hui, l'Épouse du Christ préfère recourir au remède de la miséricorde, plutôt que de brandir les armes de la sévérité. Elle estime que, plutôt que de condamner, elle répond mieux aux besoins de notre époque en mettant davantage en valeur les richesses de sa doctrine. [...]

Il arrive souvent que dans l'exercice quotidien de Notre ministère apostolique, Nos oreilles soient offensées en apprenant ce que disent certains qui, bien qu'enflammés de zèle religieux, manquent de justesse de jugement et de pondération dans leur façon de voir les choses. Dans la situation actuelle de la société, ils ne voient que ruines et calamités ; ils ont coutume de dire que notre époque a profondément empiré par rapport aux siècles passés ; ils se conduisent comme si l'histoire, qui est maîtresse de vie, n'avait rien à leur apprendre et comme si du temps des Conciles d'autrefois tout était parfait en ce qui concerne la doctrine chrétienne, les mœurs et la juste liberté de l'Église.

Il Nous semble nécessaire de dire Notre complet désaccord avec ces prophètes de malheur, qui annoncent toujours des catastrophes, comme si le monde était près de sa fin.

Dans le cours actuel des événements, alors que la société humaine semble à un tournant, il vaut mieux reconnaître les desseins mystérieux de la Providence divine qui, à travers la succession des temps et les travaux des hommes, la plupart du temps contre toute attente, atteignent leur fin et disposent tout avec sagesse pour le bien de l'Église[1].

Encyclique *Pacem in terris*, Vatican, 11 avril 1963

C'est justice de distinguer toujours entre l'erreur et ceux qui la commettent, même s'il s'agit d'hommes dont les idées fausses ou l'insuffisance des notions concernent la religion ou la morale. L'homme égaré dans l'erreur reste toujours un être humain et conserve sa dignité de personne à laquelle il faut toujours avoir égard. Jamais non plus l'être humain ne perd le pouvoir de se libérer de l'erreur et de

1. *La Documentation catholique*, n° 1387, 4 novembre 1962, Bayard.

s'ouvrir un chemin vers la vérité. Et pour l'y aider, le secours providentiel de Dieu ne lui manque jamais. Il est donc possible que tel homme, aujourd'hui privé des clartés de la foi ou fourvoyé dans l'erreur, se trouve demain, grâce à la lumière divine, capable d'adhérer à la vérité[1].

Vatican, 13 avril 1963

Ô Prince de la paix, Jésus ressuscité, regardez avec bienveillance l'humanité entière. C'est de vous seul qu'elle attend l'aide et la guérison de ses blessures. Faites que tous vous invoquent et vous trouvent pour avoir en vous la voie, la vérité, la vie. [...]

Éloignez du cœur des hommes ce qui peut mettre la paix en péril ; affermissez-les dans la vérité, dans la justice, dans l'amour de leurs frères. Éclairez les guides des peuples afin que, outre leur juste souci pour le bien-être de leurs frères, ils garantissent et défendent le grand trésor de la paix. Suscitez chez tous la volonté de surmonter les barrières qui divisent, de renouer les liens de la charité mutuelle, de comprendre, de compatir, de pardonner généreusement afin que les peuples s'unissent en votre nom et que la paix, votre paix, triomphe dans les cœurs, dans les familles, dans le monde[2].

---

1. © Libreria Editrice Vaticana, 1963.
2. *La Documentation catholique*, n° 1399, 5 mai 1963, Bayard.

La vie de Jean XXIII en quelques dates

1881 25 novembre : naissance d'Angelo Giuseppe Roncalli, fils de Giovanni Battista Roncalli et de Marianna Mazzola, à Sotto il Monte (province de Bergame). Il est baptisé le jour même par le curé, don Francesco Rebuzzini.

1889 13 février : confirmation à Carvico. Mars : première communion à Sotto il Monte.

1892 Novembre : entrée au séminaire de Bergame.

1895 Juin : reçoit la soutane et la tonsure.

1898 25 septembre : mort de don Francesco Rebuzzini, curé de Sotto il Monte.

1900 Septembre : pèlerinage à Rome pour l'Année sainte.

1901 Janvier : entrée au séminaire romain de l'Apollinaire. 30 novembre : service militaire au 73ᵉ régiment d'infanterie, à Bergame.

1902 30 novembre : fin du service militaire.

1903 11 avril : sous-diaconat. 18 décembre : diaconat.

1904 10 août : ordination sacerdotale en l'église Santa Maria in Monte Santo (Rome). 11 août : première messe à Saint-Pierre, dans les grottes vaticanes. 15 août : première messe à Sotto il Monte.

1905 Janvier : Angelo Roncalli devient le secrétaire du nouvel évêque de Bergame, Mgr Radini Tedeschi. Mai : premier pèlerinage à Lourdes.

1906 Septembre : pèlerinage en Terre sainte. Novembre : professeur d'histoire ecclésiastique au séminaire de Bergame.

1912 Septembre : participe au 23e Congrès eucharistique international, à Vienne.

1914 22 août : décès de Mgr Radini Tedeschi, évêque de Bergame.

1915 23 mai : don Roncalli est rappelé sous les drapeaux.

1916 22 août : publication d'une biographie de Mgr Radini Tedeschi.

1918 10 décembre : retour à la vie civile.

1919 17 septembre : directeur spirituel au séminaire de Bergame.

1920 Décembre : président du comité de l'Œuvre de la propagation de la foi.

1925 3 mars : Pie XI le nomme visiteur apostolique en Bulgarie. 19 mars : consécration épiscopale en l'église San Carlo al Corso (Rome). 25 avril : arrive à Sofia.

1934 24 novembre : Pie XI le nomme délégué apostolique pour la Turquie et la Grèce.

1935 5 janvier : arrive à Istanbul. Mai : premier voyage en Grèce.

1944 22 décembre : Pie XII le nomme nonce apostolique en France. 30 décembre : arrive à Paris.

1953 12 janvier : Angelo Roncalli est créé cardinal. 15 janvier 1953 : Pie XII le nomme patriarche de Venise. 15 mars : entrée solennelle à Venise.

1958 9 octobre : décès du pape Pie XII. 25 octobre : début du conclave. 28 octobre : élection d'Angelo Giuseppe Roncalli au souverain pontificat. Il prend le nom de Jean XXIII. 4 novembre : messe de couronnement à la basilique Saint-Pierre.

1959 25 janvier : annonce du concile œcuménique Vatican II. 29 juin : première lettre encyclique *Ad Petri cathedram*.

1960 26 mai : canonisation de saint Grégoire Barbarigo. 13 juin : reçoit en audience l'historien Jules Isaac.

1961 15 mai : encyclique *Mater et Magistra*, à l'occasion du 70e anniversaire de la publication de l'encyclique *Rerum novarum*.

1962 1er juillet : encyclique *Paenitentiam agere*, sur la nécessité de la prière fervente et de la pénitence en vue du concile. 4 octobre : pèlerinage à Lorette et à Assise. 11 octobre : ouverture solennelle du concile œcuménique Vatican II. 8 décembre : discours de clôture de la première session du concile. 9 décembre : canonisation des saints Pierre-Julien Eymard, Antonio Pucci et Francesco de Camporosso.

1963 10 janvier : canonisation de Vincent Pallotti. 1er mars : attribution du prix de la Fondation

Eugène Balzan pour la Paix. 11 avril : encyclique *Pacem in terris*. 3 juin : mort du pape Jean XXIII à 19 h 49. 6 juin : obsèques.

1964 13 janvier : un décret du président de la République italienne modifie le nom de son village natal en « Sotto il Monte – Giovanni XXIII ».

2000 3 septembre : béatification de Jean XXIII par le pape Jean-Paul II.

2001 3 juin : translation de la dépouille mortelle du bienheureux Jean XXIII à l'intérieur de la basilique Saint-Pierre.

2014 27 avril : canonisation de Jean XXIII et de Jean-Paul II par le pape François. La date de la fête liturgique de saint Jean XXIII est fixée au 11 octobre, jour anniversaire de l'ouverture du concile Vatican II en 1962.

Abécédaire

A*ggiornamento* : ce mot italien qui signifie « mise à jour » est étroitement lié au concile Vatican II. Il fut pourtant employé dès 1957 par le patriarche Roncalli lors du synode du diocèse de Venise : « N'entendez-vous pas répéter bien souvent le mot "*aggiornamento*" ? Voici notre sainte Église toujours jeune et prête à suivre l'évolution de la vie, afin de s'adapter, de corriger, d'améliorer, d'enflammer. Car telle est la nature du synode et son objectif. » Devenu pape, Jean XXIII reprit le mot pour désigner l'un des buts assignés au concile œcuménique : mettre à jour, non la doctrine chrétienne en elle-même qui reste « certaine et immuable », mais la manière dont elle est présentée (langage, formes d'action, structures, orientations).

En octobre 2012, à l'occasion du 50e anniversaire de l'ouverture du concile, le pape Benoît XVI s'était exprimé sur le sens – parfois contesté – du mot *aggiornamento* : « Je suis convaincu que l'intuition de Jean XXIII résumée par ce mot a été et est encore exacte [...]. Le christianisme est un arbre qui est, pour ainsi dire, dans une "aurore" éternelle, qui est toujours jeune [...], cet *aggiornamento* ne signifie pas rupture avec la tradition, mais en exprime la vitalité permanente. »

Balzan (prix) : Eugenio Balzan (1874-1953) fut un homme de presse et un financier italien. Après sa mort, sa fille créa en sa mémoire une fondation internationale qui existe encore aujourd'hui et qui encourage la culture, les sciences et les initiatives humanitaires partout dans le monde. Jean XXIII reçut le prix Balzan 1962 pour l'humanité, la paix et la fraternité entre les peuples, « pour avoir contribué inlassablement au maintien de relations pacifiques entre les États, tant par l'encouragement de la compréhension réciproque entre les peuples que par ses contacts s'étendant bien au-delà de la communauté chrétienne ». Sainte Teresa de Calcutta a été également distinguée par le même prix en 1978.

Capovilla Loris (cardinal) : né en 1915 à Pontelongo, près de Padoue, Loris Capovilla fut ordonné prêtre en 1940. En 1953, il devint le secrétaire particulier du nouveau patriarche de Venise, le cardinal Roncalli, qu'il suivit jusqu'au Vatican. Après la mort de Jean XXIII, il fut nommé évêque de Chieti, puis prélat du sanctuaire marial de Lorette. Fin 1988, Mgr Capovilla se retira à Sotto il Monte, village natal de Jean XXIII. Dès lors, il devint la « mémoire vivante » du pape Jean, qu'il s'attacha à toujours mieux faire connaître par de nombreux témoignages et ouvrages. Élevé au cardinalat par le pape François le 22 février 2014, l'humble don Loris s'est éteint à Bergame le 26 mai 2016, à l'âge de 100 ans !

Encyclique : lettre que le pape adresse aux évêques, et à travers eux, aux catholiques, soit d'un pays en particulier, soit du monde entier.

Elle est généralement désignée par les premiers mots qui la composent et est le plus souvent écrite en latin. Durant son pontificat, Jean XXIII publia huit lettres encycliques, dont les plus célèbres sont *Mater et Magistra* (1961) et *Pacem in terris* (1963).

François de Sales (saint) : évêque de Genève résidant à Annecy, François de Sales (1567-1622) fut l'un des grands esprits de son temps. Prédicateur et écrivain, il fonda, avec sainte Jeanne-Françoise de Chantal, l'ordre des Visitandines. Déjà forte de son vivant, l'influence de saint François de Sales n'a pas décru après sa mort en 1622 : il fut canonisé en 1665 et proclamé docteur de l'Église en 1877. Son exemple et ses écrits (notamment *L'Introduction à la vie dévote* et *Le Traité de l'amour de Dieu*) agirent aussi de façon plus souterraine sur la spiritualité de nombreux chrétiens : un soir de janvier 1903, un séminariste italien nota ainsi sur son journal : « Ma vie, le Seigneur me le dit, doit être une copie parfaite de celle de saint François de Sales si elle veut réaliser un peu de bien. » Ce séminariste s'appelait Angelo Roncalli !

Grégoire Barbarigo (saint) : avec saint Charles Borromée, Grégoire Barbarigo (1625-1697) était l'un des évêques préférés d'Angelo Roncalli. Issu d'une influente famille vénitienne, il avait renoncé à la carrière diplomatique pour s'engager dans la voie du sacerdoce. D'abord évêque de Bergame, il fut nommé en 1664 évêque de Padoue. Dans ces deux diocèses, il chercha à soulager la misère matérielle de son peuple par de nombreuses actions charitables et la misère spirituelle par l'ouverture d'écoles chrétiennes. Il fonda également à Padoue un séminaire qui devint une référence dans toute l'Italie. Jean XXIII – qui avait participé en 1911 avec Mgr Radini Tedeschi aux fêtes du 150e anniversaire de sa béatification – le proclama saint en mai 1960, en ayant recours à une canonisation dite « équipollente », c'est-à-dire sans reconnaissance d'un miracle. Durant son pontificat, Jean XXIII procéda à neuf autres canonisations et à cinq béatifications.

I*mitation de Jésus-Christ* (l') : cette œuvre de piété chrétienne accompagna Angelo Roncalli durant toute son existence. Il aimait à en conseiller la lecture à ceux qu'il rencontrait et, notamment, le chapitre 23 du livre III sur les quatre choses qui apportent une grande paix : « Applique-toi à faire la volonté d'autrui plutôt que la tienne./Efforce-toi de dédaigner les richesses plutôt que de chercher à posséder davantage./ Choisis toujours la dernière place, après tout le monde./ Souhaite toujours voir la volonté de Dieu s'accomplir parfaitement en toi. » Caractéristique de la *Devotio moderna*, *L'Imitation de Jésus-Christ* aurait été composée par un moine allemand, Thomas a Kempis (1380-1471). Depuis le XVe siècle, elle a fait l'objet de nombreuses traductions, dont celle de Pierre Corneille et de Félicité de Lamennais.

Légat : délégué envoyé par le pape pour une mission temporaire et exceptionnelle. En octobre 1954, le cardinal Roncalli fut ainsi le légat pontifical de Pie XII à Beyrouth, lors du Congrès marial national. En mars 1958, il se rendit à Lourdes pour la consécration de la basilique souterraine Saint-Pie-X.

Nonce apostolique : le mot « nonce » vient du latin *nuntius* qui signifie « messager ». Le nonce est un diplomate – assimilable à un ambassadeur – qui représente officiellement le Saint-Siège auprès d'un gouvernement étranger. Sa mission consiste d'abord à renforcer les relations qui existent entre l'Église du pays où il est envoyé et le Vatican. Il a aussi pour rôle d'aider le pape dans la sélection des candidats à l'épiscopat. Mgr Roncalli fut nonce apostolique à Paris de 1945 à 1952 et voulut d'abord être un pasteur : « J'ai toujours estimé que pour un ecclésiastique, la diplomatie, ainsi appelée, doit toujours être pénétrée d'esprit pastoral, autrement plus rien ne compte, et une mission sainte vire au ridicule. »

Œcuménique (concile) : les conciles œcuméniques sont ceux qui s'adressent aux évêques du monde entier, par opposition aux conciles nationaux (où se retrouvent les évêques d'un État) et les conciles provinciaux (convoqués par un évêque métropolitain). De Nicée (325) à Vatican II (1962-1965), l'Église catholique reconnaît vingt et un conciles œcuméniques. Ces rassemblements – qui portent le nom du lieu où ils se tiennent – tirent leur légitimité de la célèbre assemblée de Jérusalem de l'an 49, durant laquelle les Apôtres s'étaient réunis pour trancher la délicate question de la conversion des païens (Actes des Apôtres 15). En convoquant le deuxième concile du Vatican le 25 mars 1959, Jean XXIII a prolongé ce « fil rouge qui court en profondeur tout au long de l'histoire séculaire du christianisme », selon la belle formule de l'historien italien Giuseppe Alberigo.

Sacré Collège : tel est l'ancien nom de ce que l'on appelle maintenant le collège des cardinaux (ou collège cardinalice). Son origine remonte au XIIe siècle. Ses membres conseillent le pape lors des consistoires convoqués par ce dernier. À la mort d'un souverain pontife, le collège des cardinaux assure la conduite de l'Église, sous la présidence du cardinal camerlingue. Il se réunit alors en conclave pour choisir le successeur du pape défunt. Pendant plusieurs siècles, le Sacré Collège ne pouvait compter plus de soixante-dix membres, conformément à la Constitution *Postquam verus ille* promulguée par le pape Sixte Quint, le 5 décembre 1586. Jean XXIII fut le premier à s'affranchir de cette contrainte, en relevant le nombre de cardinaux à trois reprises. Depuis 1975, on distingue, au sein du collège cardinalice, les « cardinaux électeurs » (âgés de moins de 80 ans et dont le nombre ne doit théoriquement pas dépasser cent vingt) et les « cardinaux non électeurs » qui ne peuvent voter lors d'un conclave.

Tiare : coiffe conique blanche, entourée de trois couronnes qui symbolisait les pouvoirs temporel, religieux et divin du pape. Jean XXIII fut le dernier pape à se faire couronner de la tiare qui fut abandonnée par son successeur Paul VI.

Bibliographie

Écrits de Jean XXIII

Journal de France (deux tomes), Éditions du Cerf, 2006-2008.

Journal de l'âme : écrits spirituels, Éditions du Cerf, 1964.

Lettre encyclique *Mater et Magistra*, 15 mai 1961, Pierre Téqui éditeur.

Lettre encyclique *Pacem in terris*, 11 avril 1963, Pierre Téqui éditeur.

Lettres à ma famille, Éditions du Cerf, 1969.

Lettres à sa famille – correspondance inédite, Desclée de Brouwer-Lattès, 1995.

Ouvrages sur Jean XXIII

ALBERIGO Giuseppe (dir.), *Jean XXIII devant l'histoire*, Éditions du Seuil, 1989.

BENIGNI Mario et ZANCHI Goffredo, *Le Bon Pape Jean*, Albin Michel, 2000.

CAHILL Thomas, *Jean XXIII*, Fides, 2003.

CAPOVILLA Loris (cardinal), *Jean XXIII, témoin de la tendresse de Dieu*, Médiaspaul, 2001.

—, *Mes années avec le pape Jean XXIII*, Éditions des Béatitudes, 2014.

CHAIGNE Louis, *Portrait de Jean XXIII*, Éditions Saint-Augustin, 1964.

DREYFUS Paul, *Jean XXIII*, Le Sarment, 2000.
ETCHEGARAY Roger (cardinal), *Prier 15 jours avec Jean XXIII*, Nouvelle Cité, 2000.
HEBBLETHWAITE Peter, *Jean XXIII, le pape du Concile*, Le Centurion, 1988.
KERDREUX Michel de, *Jean XXIII, le pape de la bonté*, Salvator, 1966.
LAZZARINI André, *Jean XXIII : sa vie, sa personnalité*, Salvator, 1959.
NEUVECELLE Jean, *Jean XXIII, une vie*, Grasset, 1968.
RONCALLI Marco, *Le Pape Jean, un saint*, Parole et Silence, 2014.
ZIZOLA Giancarlo, *L'Utopie du pape Jean XXIII*, Éditions du Seuil, 1978.

Ouvrages du même auteur
(sélection)

Mon calendrier des saints, Bayard Jeunesse, 2004.
Jean-Paul II, Bayard Jeunesse, 2005 ; 2011.
Le Grand Livre des saints, Bayard Jeunesse, 2005.
Le Grand Livre des papes, Bayard Jeunesse, 2006.
Mère Teresa, Bayard Jeunesse, 2006.
La Bible : les textes essentiels, des clés pour les comprendre (ouvrage collectif, rédaction des portraits bibliques), Bayard, 2007.
Petite Vie de Pie X, Desclée de Brouwer, 2007.
Petite Vie de Jean XXIII, Desclée de Brouwer, 2008.
Dico des héros de la Bible dans l'Art, Bayard, 2009.
Dico des saints dans l'Art, Bayard, 2012.
Prier avec Jean XXIII, Prions en Église, 2014.
Jean XXIII-Jean-Paul II : vies croisées, Médiaspaul, 2014.
Méditez avec saint Jean XXIII, Salvator, 2014.

COLLECTION
LES GRANDES FIGURES DE LA SPIRITUALITÉ CHRÉTIENNE

1. Saint François d'Assise
2. Saint Augustin
3. Mère Teresa
4. Charles de Foucauld
5. Luther
6. Jean-Paul II
7. Saint Ignace de Loyola
8. Saint Louis
9. Saint Paul
10. Sainte Thérèse de Lisieux
11. Saint Benoît
12. Saint Nicolas
13. Calvin
14. Padre Pio
15. Sainte Thérèse d'Ávila
16. Saint Vincent de Paul
17. Saint Thomas d'Aquin
18. Bernadette Soubirous
19. Pierre Teilhard de Chardin
20. Sœur Emmanuelle
21. Jean XXIII
22. Saint François de Sales
23. Saint Jean de la Croix
24. Sainte Jeanne d'Arc
25. Saint Grégoire de Nazianze
26. Saint Bernard de Clairvaux
27. Catherine Labouré
28. Abbé Pierre
29. Saint Jean Chrysostome
30. Saint Martin de Tours
31. Saint Dominique
32. Marthe Robin
33. Saint Antoine de Padoue
34. Saint Jacques
35. Sainte Catherine de Sienne
36. Saint Curé d'Ars
37. Saint François Xavier
38. Sainte Geneviève
39. Don Bosco
40. Sainte Claire

Composé par Nord Compo Multimédia
7, rue de Fives, 59650 Villeneuve-d'Ascq